孙子兵法

国学国艺必读丛书

册四

【百世兵家之祖】

北京联合出版公司

夫差宠西施

夫差自得西施以后，一门心思都扑在她身上，不理朝政。伍子胥认为西施心向越国，不可留，夫差不听，反而嫌恶伍子胥。不料西施正是越国特意派来迷惑他的间谍。

火攻篇第十二

曹操曰：以火攻人，当择时日也。○王皙曰：助兵取胜，戒虚发也。○张预曰：以火攻敌，当使奸细潜行，地里之远近，途径之险易，先熟知之，乃可往。故次《九地》。

原文

孙子曰：凡火攻有五：一曰火人①，李筌曰：焚其营，杀其士卒也。○梅尧臣曰：焚营栅荒秽，以助攻战也。○张预曰：焚彼营舍，以杀其士，火攻之先也。班超烧匈奴使者是也。**二曰火积②，**李筌曰：焚积聚也。○张预曰：焚其积聚，使刍粮不足。故曰：军无委积则亡。刘贾烧楚积聚是也。**三曰火辎③，四曰火库④，**李筌曰：烧其辎重，焚其库室。○陈皞曰：夫敌有爱惜之物，亦可以攻之。彼若出救，是我以火分其势也。更遇其心神挠惑，自可破军杀将也。○梅尧臣曰：焚其辎重，以窘货财；焚其库室，以空蓄聚。**五曰火队⑤。**李筌曰：焚其队仗兵器。○杜牧曰：焚其行伍，因乱而击之。○张预曰：焚其队仗，使兵无战具。故曰：器械不利，则难以应敌也。**行火必有因⑥，**曹操曰：因奸人也。○李筌曰：因好人而内应也。○陈皞曰：须得其便，不独好人。○贾林曰：因风燥而焚之。○张预曰：凡火攻皆因天时燥旱，营舍茅竹，积刍聚粮，居近草莽，因风而焚之。**烟火必素具⑦**。曹操曰：烧具也。○李筌曰：干刍、蒿艾、粮粪之属。○杜牧曰：艾蒿、荻苇、薪刍、膏油之属，先须修事以备用。兵法有火箭、火帘、火杏、火兵、火兽、火禽、火盗、火督，凡此者皆可用也。**发火有时，起火有日**。梅尧臣曰：不妄发也。○张预曰：不可偶然，当伺时日。**时者，天之燥⑧也**；曹操曰：燥者，旱也。○梅尧臣曰：旱熯易燎。○张预曰：天时旱燥，则火易燃。**日者，月在箕、壁、翼、轸⑨也。凡此四宿者，风起之日也⑩**。李筌曰：天文志月宿此者多风。《玉经》云：『常以月加日，从营室顺数十五至翼，月在宿于此也。』○杜牧曰：宿者，月之所宿也。四宿者，风之使也。

注释 ①火人：即焚烧敌军人马。火，此处作动词，用火焚烧之意。②火积：指用火焚烧敌军的粮秣物资。积，积蓄，指粮草。③火辎：焚烧敌军的辎重。④火库：焚烧敌军的物资仓库。⑤火队：焚烧敌军的后勤补给线。队，通『隧』，道路的意思。⑥因：依据、条件。⑦烟火必素具：此句意谓发火用的器材必须经常准备好。烟火，指火攻的器具燃料等物。素，平素、经常的意思。具，准备妥当。⑧燥：指气候干燥。⑨箕、壁、翼、轸：中国古代星宿之名称，是二十八宿中的四个。⑩凡此四宿者，风起之日也：四宿，指箕、壁、翼、轸四个星宿。古人认为月球行经这四个星宿之时，是起风的日子。

译文 孙子说：火攻的形式一般有五种。一是火烧敌军人马，二是火烧敌军储备的粮草，三是火烧敌军辎重，四是火烧敌军仓库，五是火烧敌军的通道与运输设施。实施火攻必须具备一定的条件，火攻的器材必须事先准备就绪。放火要看准天时，起火要选好有利时机。火攻的天时，是指气候干燥；火攻的时间，是月亮经行箕、壁、翼、轸四个星宿的时候。凡是月亮经过这四个星宿的时候，就是容易起风的时辰。

释例一（一）前204年，汉王亲自领兵拒楚兵于巩，使楚兵不能西进。这时彭越杀了楚将军薛公，项王自己领兵击彭越。汉王止于河内，另派刘贾、卢绾率兵二万，骑数百，渡白马津，入楚地，助彭越，烧楚的积聚粮草。

（二）208年9月，曹操收编了荆州水军，乘胜东进，企图一举吞灭东吴。孙权派遣周瑜以及程普等将同刘备联合起来迎击曹操，孙刘联军与曹军在赤壁相遇。这时曹操军队中疾病流行，刚一交战，曹军就被打败，退兵驻扎在长江北岸。

周瑜等驻扎在长江南岸。周瑜的部将黄盖说：『目前敌众我寡，很难跟曹军长期相持。然而我们可以看到曹军的船舰都前后紧紧相连，正可以用火攻击退它。』于是调数十艘蒙冲斗舰，战舰中装满了柴草，把油灌注在里面，用帐篷围起来，船上竖起了军旗。黄盖事先写了封信给曹操，骗他说要向他投降。黄盖又准备了一些快艇，分别系在大船的后面，于是按照次序一起进发。曹操军队中的官兵都伸长脖子观望，指着说黄盖来投降了。

黄盖就散开这些船，同时点上火。这时风势很猛，大火蔓延，烧尽曹军的船只，延烧到岸上的营寨。不一会儿，烟火弥漫天空，曹操的人马被烧死淹死的很多。曹军于是败退，回兵保守南郡。刘备与周瑜等又一起率军追赶。曹操只好留下曹仁等将领守住江陵城，他自己直接回归北方了。这是孙刘联军用火攻大破曹军，也就是我国历史上著名的赤壁之战。

释例二 火攻的工具，在古代有火车、火牛、火燕、火筒、火箭等，古时火箭并非现在常说的『火箭』，而是带火的箭。这种箭头带有火，常用来攻对方粮草，这种火箭宋朝才开始广泛应用。

原文 **凡火攻，必因五火之变而应之**①。梅尧臣曰：因火为变，以兵应之。○张预曰：因其火变，以兵应之。五火即人、积、辎、库、队也。**火发于内，则早应之于外**。曹操曰：以兵应之也。○李筌曰：乘火势而应之也。○梅尧臣曰：内若惊乱，外以兵击。○张预曰：火才发于内，则兵急击于外；表里齐攻，敌易惊乱。**火发兵静者，待而勿攻**；杜牧曰：火作不惊，敌素有备，不可速攻，须待其变者也。○梅尧臣曰：不惊挠者，必有备也。○王皙曰：以不变也。何氏曰：火作而敌不惊呼者，有备也；我往攻，则反（返）或受害。○张预曰：火虽发而兵不乱者，敌有备也；复防其变，故不可攻。**极其火力**②**，可从**③**而从之，不可从而止**。曹操曰：见可而进，知难而退。○李筌曰：夫火发兵不乱，不可攻。○杜牧曰：俟火尽已来，若敌人扰乱则攻之；若敌终静不扰，则收兵而退也。○杜佑曰：见利则进，知难则退。极，尽也。尽火力可则应，不可则止，无使敌知其所为。**火可发于外，无待于内，以时发之**。李筌曰：魏武破袁绍于官渡，用许攸计，烧辎重万余，则其义也。○贾林曰：火可发于外，不必待内应；得时即应发，不可拘于常势也。**火发上风，无攻下风**④。曹操曰：不便也。○李筌曰：隋江东贼刘元进攻王世充于延陵，令把草东方，因风纵火。俄而回风，悉烧元进营，军人多死者。○王皙曰：或击其左右可也。○张预曰：烧之必退，退而逆击之必死战，故不便也。**昼风久，夜风止**。曹操曰：数当然也。○李筌曰：不终始也。○杜牧曰：老子曰：『飘风不终朝。』○梅尧臣曰：凡昼风必夜止，夜风必昼止，数当然也。○王皙同梅尧臣注。○张预曰：昼则夜息，数当然也。故老子曰：『飘风不终朝。』**凡军必知有五火之变，以数守之**⑤。杜牧曰：须算星躔之数，守风起日，乃可发火，不可偶然而为之。○杜佑曰：既知起五火五变，当复以数消息其可否。○梅尧臣曰：数星之躔，以候风起之日，然而发火，亦当自防其变。○张预曰：不可止知以火攻人，亦当防人攻已。推四星之度数，知风起之日，则严备守之。

注釋 ①必因五火之变而应之：此句意谓根据五种火攻所引起的敌情变化，适时地运用军队进行策应。因，根据、利用。五火，即上述五种火攻的方法。应，策应、对策。②极其火力：让火势烧到最旺之时。极，尽。③从：跟从，这里指用兵进攻。④火发上风，无攻下风：上风，风向的上方。下风，风向的下方。⑤以数守之：此句意谓等候火攻的条件。数，星宿运行度数，此指气象变化的时机，即前所述『发火有时，起火有日』等条件。

譯文 凡是用火攻敌，都必须根据以上五种情况所引起的不同变化灵活运用兵力接应。如果从敌营内部放火，就应该及早派兵从外部攻击接应。如果敌营内已经起火，但敌军仍然保持镇静时，就应该耐心观察等待，而不可马上进攻；等到火势十分旺盛时，再根据情况决策，可以进攻就发起进攻，不可以进攻就停止进攻。也可以从敌营外部放火，这样就不必等待有人从内部接应，只要时机适合就可以放火攻击。火攻应从上风处发起，不能从下风头发起。白天风刮得很久，到夜晚风就会停止。凡是领兵打仗都必须懂得五种火攻形式的不同变化，并根据天时气候变化的规律，等待火攻的时机。

釋例三（一）184年，汉灵帝派皇甫嵩、朱俊各统一军，赴颍川征讨黄巾军波才。波才进攻皇甫嵩，嵩暂退保长社，凭城固守。波才率众进围长社。皇甫嵩兵不过数千，波才却拥众约有数万。波才攻城数次，因城上矢石交下，不能得手。时当仲夏，天气溽暑，波才方多结草为营，罢战乘凉。嵩召军吏，说：『兵有奇变，不在多寡，今敌人依草结营，正好用火破灭他。』军吏问是什么计策，嵩不慌不忙地说出一条火攻的计策，且嘱咐道：『敌人借草自蔽，一遇火烧，必致四延，延烧以后，还有不慌乱的吗？我若乘势出兵，四面合击，田单之功可成了。』嵩令军士各束草炬，每人一扎，待至黄昏大风起，都持炬登城，将火炬向敌营抛去，草遇火烧，火随风炽，霎时间烟焰漫天，波众大惊。嵩又令锐士开门出城，待近波营，再纵火大呼，城上也举燎相应，慌得波众不知所措；嵩引兵从城中鼓噪而出，驰突波阵，波众溃败，觅路乱奔。

（二）前99年，汉武帝派李陵去侦察东浚稽山。李陵率领着五千步兵到了浚稽山，被匈奴三万骑兵围困在两座山的中间。汉军一面抵抗，一面往南退。汉军到了一个山谷里，又杀了一阵。匈奴八万骑兵继续追赶，汉军退到了一个低洼地带，芦苇丛生。他们想躲在苇塘里打游击。不料匈奴在上风放起火来。李陵连忙叫士兵们自己这边先放火，烧断那边芦苇，腾出一块烧过的空地，使那边的火不能烧到这边来。

释例四 450年，宋将沈庆之讨诸山犬羊蛮，沿险峻地势修城。庆之连接兵营一直到山下，营内开门相通，又下令诸军各自在营中修池注水，早晚都不需从营外汲水，兼以防蛮纵火。不久，风势甚猛。蛮众趁夜下山，人各手持一火把，纵火烧营。火起即汲池水浇灭，沈庆之令诸军多出弓弩射蛮，蛮众散退。

原文 **故以火佐攻者明①，以水佐攻者强。**曹操曰：取胜明也。○梅尧臣曰：明白易胜。○张预曰：用火助攻，灼然可以取胜。杜佑曰：水以为冲，故强。○梅尧臣曰：势之强也。○张预曰：水能分敌之军；彼势分则我势强。**水可以绝②，不可以夺③。**曹操曰：水但能绝敌粮道、分敌军，不可夺敌蓄积。○李筌曰：军者，必守术数，而佐之水火，所以明强也。光武之败王莽，魏武之擒吕布，皆其义也。以水绝敌粮道，绝敌救援，绝敌奔逸，绝敌冲击，不可以水夺险要蓄积也。○王皙曰：强者取其决注之暴。

注释 ①以火佐攻者明：此句指用火攻效果明显。佐，辅佐。明，明显。②绝：隔绝、断绝的意思。③不可以夺：夺，剥夺，这里有焚毁之意，指焚毁敌人的物资器械。

译文 用火攻辅助军队进攻，效果十分显著；用水攻辅助军队进攻，可以大大增强攻势。水攻可以隔断敌军的阵形、联系和运输，但不能像火攻那样毁灭敌军的兵马和军需。

释例五 前203年，韩信已经平定了临淄，项王派龙且为大将，带着人马，号称二十万，来救援齐国。龙且跟韩信，一个在潍水之东，一个在潍水之西，隔水摆下阵势。韩信就在黑夜里叫人做了一万多个袋子，盛满沙石，堵住上游的河水，带着一半军队渡河，去攻打龙且，假装打不过，向回撤退。龙且带兵渡河追击韩信。韩信叫人打开堵水的沙袋，水就一涌而下，龙且的军队渡过来的大半回不去了。韩信立即下令反击，杀死了龙且。龙且留在潍水东岸的军队都四散逃走。

原文 **夫战胜攻取，而不修其功者，凶，命曰费留①。**曹操曰：若水之留，不复还也。或曰：赏不以时，但留费也，赏善不逾日也。○李筌曰：赏不逾日，罚不逾时。若功立而不赏，有罪而不罚，则士卒疑惑，日有费也。○王皙曰：战胜攻取，而不修功赏之差，则人不劝；不劝则费财老师，凶害也已。**故曰：明主虑②之，良将修③之。**杜牧曰：黄石公曰：『夫霸者制士以权，结士以信，使士以赏；信衰则士疏，赏亏则士不为用。』○贾林曰：明主虑其事，良将修其功。○梅尧臣曰：始则君发其虑，终则将修其功。张预曰：君当谋虑攻战之事，将当修举克捷之功。

非利不动，李筌曰：明主贤将，非见利不起兵。○杜牧曰：先见起兵之利，然后兵起。○梅尧臣曰：凡兵，非利于民不兴也。一作非利不起也。**非得不用④，**杜牧曰：先见敌人可得，然后用兵。贾林曰：非得其利不用也。**非危不战。**曹操曰：不得已而用兵。○李筌曰：非至危不战。○梅尧臣曰：凡用兵，非危急不战也，所以重凶器也。○张预曰：兵，凶器；战，危事。须防祸败，不可轻举，不得已而后用。**主不可以怒而兴师，**王皙曰：不可但以怒也。若息侯伐郑。○张预曰：

因怒兴师，不亡者鲜。若息侯与郑伯有违言而伐郑，君子是以知息之将亡。**将不可以愠⑤而致战**。王皙曰：不可但以愠也，若晋赵穿。**合于利而动，不合于利而止。**曹操曰：不以己之喜怒用兵也。○尉缭子曰：『兵起非可以忿也；见胜则兴，不见胜则止。』**怒可以复喜，愠可以复悦，**张预曰：见于色者谓之喜，得于心者谓之悦。**亡国不可以复存，死者不可以复生。**杜牧曰：亡国者，非能亡人之国也。言不度德，不量力，因怒兴师，因愠合战，则其兵自死，其国自亡者也。○王皙曰：喜怒无常，则威信去矣。○张预曰：君因怒而兴兵，则国必亡；将因愠而轻战，则士必死。**故明君慎之，良将警之⑥，此安国全军之道也⑦。**杜牧曰：警，言戒之也。○梅尧臣曰：主当慎重，将当警惧。○张预曰：君常慎于用兵，则可以安国；将常戒于轻战，则可以全军。

注释 ①命曰费留：这就叫做『白费』（耗费时日，财力与物力）。命曰，名为。费留，即白白流走。指军队久留在外，白白耗费财力、物力等。②虑：谋虑、思考。③修：治、处理。④非得不用：不能取胜就不要用兵。得，取胜。⑤愠：恼怒、怨愤。⑥故明君慎之，良将警之：所以明智的国君要慎重，贤良的将帅要警惕。慎，慎重。警，警惕、警戒。⑦此安国全军之道也：这是安定国家保全军队的根本道理。安国，安邦定国。全，保全。

译文 如果打了胜仗，占领了敌人的阵地，但不能巩固胜利果实，是很危险的，这就叫做费留（耗费国家人力财力，使军队久留在外）。所以说，明智的国君应该慎重考虑这一问题，贤良的将帅要认真处理这一问题。没有好处就不采取行动，没有必胜的把握就不用兵，不是到了不得已的危急关头就不开战。国君不能因为一时的气愤而发动战争，将帅不能因为一时的怨恨而出阵交战。符合国家的利益就可以出兵，不符合国家的利益便停止行动。因为愤怒之后还可以重新欢喜，怨恨之后也可以再有高兴，但是，国家灭亡了便不可能存续，人死了就不会重生。所以对于战争，明智的国君要慎重对待，优秀的将帅要小心警惕，这是安定国家、保全军队的重要原则。

釋例六（一）三国时，姜维带兵攻打魏国。魏国大将邓艾带兵扎九寨准备迎敌。姜维看魏兵早有准备，就对副将说：『魏国既然早有准备，留一路人马由你带领，可打着我的旗号，在谷口安下大寨，每天派一百名骑兵放哨，每放哨一回，换一回服装和旗号，按赤、白、青、黄、黑五色旗帜相换。我暗中带大军偷偷从董亭直袭南安。』邓艾知蜀兵出祁山，早与陈泰安营下寨准备迎敌。但是不见蜀军前来挑战。邓艾凭高观望，入帐后对陈泰说：『据我观察姜维不在此处营中，一定是取董亭袭南安去了。』

陈泰问：『何以见得？』

邓艾说：『你看每天敌营中的哨马只是这几匹，往来的哨探只是这几人，只不过更换衣甲罢了，现在他的人马都十分困乏，他们的主将必定无能。』

陈泰说：『将军言之有理。』

邓艾接着说：『陈将军可带一队人马去攻敌营，肯定会破寨。破寨后，你领兵去董亭之路，先切断姜维后路。我带一队人马去救南安，直取武城山。如果先占了此山，姜维必然去取上邽。上邽有一谷，叫段谷，地狭山隘，正好埋伏。姜维来争武城山时，我先埋伏在段谷，一定能破姜维。』

陈泰听后，十分赞成，说：『我在陇西驻守已有二十三年了，还没有这么熟悉地理，明公之言，真是神机妙算，将军你快去救南安，我马上去破寨。』

于是邓艾带兵急行军赶到武城山，安营下寨，蜀军还未到。

邓艾令邓忠与帐前校尉师纂，各领兵五千，先去段谷埋伏，二人受计而去。随后，邓艾传令全军偃旗息鼓，等待蜀军。

姜维带蜀军大队人马来到武城山，姜维传令占领高地。突遭邓艾大军重创，姜维连攻不下，蜀军死伤很多。

姜维下令收兵，全军将士转取敌上邽。

姜维大军途经段谷，正中邓忠埋伏，前有伏兵，后有邓艾追兵，祁山大寨早已被陈泰攻破，姜维处于绝境。在危急时刻，荡寇将军张嶷估计姜维受困，率兵杀入重围，救了姜维。

从姜维这一仗来看，姜维想使用金蝉脱壳计，打败魏军，但被邓艾识破，反而大败姜维。可见，计谋再好，如不精心，势必铸成大错。

（二）此计为东晋时期的晋明帝司马绍所创。

东晋建国后，王导居中执政，王敦在外掌兵，势力很大，当时有『王与（司）马，共天下』的说法。王敦为荆州刺史，率重兵镇守武昌。322年，王敦起兵叛乱，自武昌东下，从此使东晋王朝陷入了内乱之中。次年晋明帝即位。为了摸清叛军的实情，晋明帝于324年6月化装潜入叛军营地探察。当晋明帝探察完王敦在于湖（今安徽当涂南）的营地，骑马暗出营门时，护门侍卫见明帝言谈举止非等闲之辈，遂引起怀疑。明帝见身份将要暴露，遂快马加鞭出营而去。王敦的军士见一行人扬马而去，更加怀疑，报告了王敦。王敦根据军士的报告，确认是晋明帝无疑，立即派五人骑马追拿。

明帝料到王敦定会派人追拿，遂采取『缓兵脱身』之计：他命令随从用水浇凉马拉在地上的粪便，表明自己已经离去多时；当快马跑了一个多时辰，在路旁歇脚时，将手中的『七宝鞭』交于路旁卖货的妇人，叮嘱待后面骑马人到来时，尽管拿给他们看。安排完毕，明帝又翻身上马，扬鞭而去。

不出明帝所料，王敦的追兵一路见马的粪便已凉，料明帝已去多时，遂加鞭猛追。追了一阵，见路旁有一妇人卖货，下马上前询问情况。妇人声言：已经走出很远了。说完把『七宝鞭』拿出来给他们看。『七宝鞭』乃皇家珍宝，一般人无缘亲睹。于是，五个人争相看玩，爱不释手，早把追赶明帝的事忘得一干二净。待到他们醒悟，明帝已经相去甚远，摆脱了追赶，安然返回宫中。

『缓兵脱身』之谋，是摆脱敌人、稳住敌人从而赢得时间、脱离险境的一种有效方法，为了『脱身』，『缓兵』的方法多种多样，因而『缓兵脱身』之计的成功运用，为人们开辟了一个施计用谋的新天地。

（三）清朝时，浙江省有一知县同本省巡抚有师生之谊，关系非常密切，但与驻防将军却多有不和。将军见一个小小的知县也敢不买自己的帐，心中十分恼恨，一直打算找机会陷害知县。

这年元旦，浙江省文武官员在省城会集，遥对京城皇宫行朝贺之礼。将军随后秘密地向皇帝上奏折，弹劾这位知县，说他在元旦行朝贺礼时行动随便，举止不严肃端庄。很快，皇帝下旨，谕令巡抚查办该知县朝贺失仪的大不敬之罪，并因巡抚对属员错误不闻不问，责备他犯有失察之罪。巡抚明知此事为将军有意诬陷，但在至高无上的皇帝谕旨面前，也无可奈何。

一位多次帮助别人打官司的讼师托人对巡抚说：他有一个办法，不仅可以保全巡抚与知县，而且可以使将军丢掉乌纱帽，但是要巡抚要出三千两白银为条件。巡抚听后似信非信，但为出胸中的恶气，便答应事成之后以白银三千两送给讼师为酬谢。讼师见巡抚答应了，便暗中告诉巡抚说：『巡抚大人，您只要在给皇上报告行朝贺礼情况时，在奏折中写上「参列前班，不遑后顾」八个字，不但可使大人免于失察之过，更可使将军转得失仪之咎。』

这番话使巡抚恍然大悟，连连称妙，按讼师的说法给皇帝写了奏折。原来，各省元旦行朝贺之礼时，因巡抚与将军品级最高，站在最前，而知县品级较低，站在最后。各级官员被禁止左顾右盼，向后观望则更加不许。即使知县有失仪的地方，巡抚与将军应该都看不到，巡抚没有见到知县失仪，不但不是失察，反而说明巡抚在行礼时很志注并严肃庄重。而将军亲见排在后边的知具有失仪之处，说明将军必犯有后顾失仪之罪。事情的发展果然在讼师的意料之内，不久圣旨又下，严厉斥责身为一品大员的将军在朝贺时失仪，免去了他的职务，而巡抚与知县全都平安无事。

讼师的高明之处在于，他并不在别人划定的范围打转转，而是抓住将军位列前班不能后顾这一关键，转攻为守，变被动为主动，使巡抚和知县在这场政治斗争中赢得了胜利。

（四）陈平是西汉高祖刘邦的重要谋臣，自汉二年（前205）投奔刘邦以后，屡以奇计辅佐刘邦，如以反间计，离散项羽、范增君臣，使项羽失去了第一谋臣范增；汉三年五月设计乔装诱敌，使刘邦金蝉脱壳得以逃脱久遭楚王围困的荥阳。汉四年，他及时暗示刘邦，封韩信为齐王，为后来联齐攻楚，最后在垓下击溃项羽势力创造了机会；刘邦欲除楚王韩信，消灭异姓王，又是他帮刘邦定计作云梦泽伪游，一举擒获韩信；汉七年，刘邦因出征韩王信，在白登被匈奴冒顿单于以几十万大军包围，在粮尽援绝的紧要关头，又是陈平出计，以美人图活动单于之妻，大军得以解围而出，陈平由此功封曲逆侯，成为刘邦左右功臣中备受宠信者。陈平以奇计谋略获得刘邦的尊重和信任，尤其到了刘邦晚年，张良功成身退，陈平成为他赖以依靠的重要帮手，直至临死前，还向吕后嘱咐陈平可用。

汉高祖十二年（前195），燕王卢绾起兵反汉，二月，刘邦命樊哙率兵平叛。樊哙出征不久，有人在刘邦前进言，说樊哙勾结吕后，就等高祖死后乘机夺权。刘邦听到此言，心中恼怒，说：『樊哙见我病重，是要盼我速死。』打算临阵换将，以周勃替代。因担心樊哙领兵在外，手下有精兵强将，谋取不易，于是问计于陈平。陈平认为，不能到军中强行执缚樊哙，只有巧取才为妥当。绛侯周勃不宜公开出面，最好先隐蔽起来，由陈平出面先稳住樊哙，然后，周勃突然闯入军中，乘樊哙没有戒备时，宣旨斩杀，夺印代将。刘邦以为计策高明，令陈平、周勃速去。

陈平、周勃领命出发，一路上两人商讨擒获樊哙的具体行动。在商谈时，陈平对周勃说：『樊哙是皇上的故交，立下有如鸿门宴上救皇上等许多战功，又是现今朝中拥有强大势力的吕后妹夫，既是功勋又是皇亲，皇上因一时生气，要我们杀他，如果事后气消，思之后悔，会归罪于我们。何况吕后及樊哙的妻子吕媭再在中间插手，我们罪名更重，所以，不如暂时拿住樊哙，送往朝廷，听由皇上惩处。』周勃同意陈平的意见。陈平、周勃将到樊哙军营时，周勃藏身大车之中，陈平让人在樊哙军营之外从速建筑一土台，作为诏宣皇帝圣旨所用，又派人去面见樊哙，通知他陈平代皇帝前来宣诏。樊哙本为一武将，见只有文官陈平带一些随从前来，真的以为陈平是来军中宣布皇上的一般诏书，丝毫不怀疑其中有诈，立即随陈平的手下赶到土台前接诏。正在陈平宣读诏旨时，突然背后闪出绛侯周勃，只听一声令下，左右两边隐匿的一些兵士一起拥上，把樊哙缚住，关入狱车中。周勃则快马驰到樊哙大营，进入中军大帐，召文武属官集会，宣布樊哙罪行，自己遵旨代将。陈平则押解樊哙前往长安。

陈平不愧是汉初睿智的谋略家，要起阴谋来也是不动声色，得心应手。这『明修栈道，暗度陈仓』之计，本是西汉第一谋臣张良在西汉元年四月西就封国时，出谋要刘邦烧毁凌空高架的栈道，示意诸侯自己无东归之心，为麻痹项羽所用。张良的『明毁栈道』，导致了四个月后韩信的『明修栈道』，陈仓暗度，定灭三秦，此类故事，对陈平来说都是身历其中，当然如数家珍，非常清楚的。那暗度陈仓的好手韩信后来又是败在他们的计策之下，所以说陈平运用暗度陈仓之计，是有其得天独厚的优势之处，不过是现在他把此计由军事战场上搬到政治权力场上的争斗。刘邦晚年，随着异姓诸侯王的相继被杀，和刘姓子孙诸王的封藩，在中央政权内部，渐渐崛起一股外戚吕氏势力。吕后是刘邦的结发妻子，吕氏宗族亦是刘邦起兵的最早参加者，吕氏利用刘邦年老身体有病，自己有机会干预朝政的机会，逐渐地把吕家一班人安排进朝廷的各个部门。大将樊哙与吕氏结成姻亲，领兵在外，廷内有颇有心术的辟阳侯审其食为吕后出谋划策，吕氏家族欲改刘家天下的苗头已经出现。

在此情况下，陈平受命刘邦除杀与吕氏势力关系亲密的樊哙，这就不仅是一个简单遵旨杀人的事，更关系到陈平自身在未来的中央政权中能否存身的一件大事。故此，陈平巧施暗度陈仓之计，以一介文官身份，单独约见樊哙，迷惑樊哙使其上当，而以大将周勃隐藏偷袭，一举擒住樊哙。明里建台宣旨，暗里突袭擒敌，这样既避免了与樊哙军将面对面的冲突，又能对刘邦交差，把杀樊哙的责任推卸给刘邦，使将要得势的吕氏家族不致于怪罪自己。果然，陈平在押解樊哙至长安途中，刘邦在京病逝，吕家班子把持了朝政正要磨刀霍霍，向帮助刘邦开国的元勋功臣动手。陈平幸亏未斩樊哙，有了一个安抚吕氏的资本，于是赶紧急驰京都，以哭丧为名，表面哭刘邦，实是示心意，泣告自己没有轻易处斩樊哙，不过押解来京。吕后及其妹吕媭得知樊哙未死，放下心来，转而安慰悲伤的陈平，且收回让其出外就职的成命。吕后执政后，还让他做了丞相。

結語 这篇虽名『火攻』，后半则述及火攻以外的事。火攻的残忍战术似乎太厌细屑，就一转而述其得意的战争原理。正是『兵者不祥之器，非君子之器，不得已而用之。』

（《老子》）

本篇是论述以火助攻、夺取胜利的作战方式，叙述了火攻的种类、条件、实施方法，以及发火后的应变等问题。

《火攻篇》中强调了用兵之道的惟利是争的原则。不过还是该争必争，该斗必斗。争是为趋利，斗是为避害。趋利避害是决策者必须把握的基本原则。

火攻附带论及水攻，因为倡导速战速决而不择手段，便有残酷的火攻和水攻。但最后则警告为元首、将帅者不可轻启战端，即『主不可以怒而兴师，将不可以愠而致战』，应切实掌握『合于利而动，不合于利而止』的『安国全军之道』。孙子这一慎战思想，与其『兵者国之大事』、『不可不察』的重视战争的思想是一致的。

孙子在整个兵法中，除《形篇》外，篇篇讲利。不过惟利原则不是惟利是图，利令智昏最终要失败。见利就争，争抢到手的往往是诱饵，会变成害。

兵法與商道 『安国全军』，和平解决矛盾

处理国与国之间的矛盾是《孙子兵法》中的一条重要原则，即必须以谨慎的态度对待战争，不能轻易地以战争为手段来处理国与国之间的争端。孙子在《火攻篇》里强调『非危不战』，这就是说在不到危急关头的时候不要贸然地发动战争。他一再告诫君主以及将帅：『主不可以怒而兴师，将不可以愠而致战。』（《火攻篇》）孙子认为，战争会消耗巨大的人力、物力以及财力，『日费千金』而使双方都损失惨重，大伤元气。如果战争失败，更有割地、赔款甚至亡国的危险。所以孙子语重心长地指出：『明君慎之，良将警之，此安国全军之道也。』（《火攻篇》）但是，一些国家的政坛首脑却忽视孙子的警训，自恃武力的强大动不动就使用武力来推行强权政治。

1964年，约翰逊继任美国总统。他一上台就制定了并很快地实施了使侵越战争逐步升级的计划。同时，美国还对老挝、柬埔寨进行轰炸，并派兵入侵，把战火扩大到了

整个印度支那。印支三国联合抵抗起来与美军进行着殊死的战斗。据1968年的统计数字，在这场战争中美军有三万余人被打死，大约二十万人被打伤。由于美国扩大战争，残杀许多无辜，还激起了全世界人民的普遍抗议，受到了世界舆论的强烈谴责，在国际地位上也陷于孤立的境地。正是因为约翰逊没有按照《孙子兵法》『非危不战』、『安国全军』的思想妥善处理越南的问题，而是采用强暴的战争升级手段来解决外交冲突，结果使美国遭受了严重的损失和挫折，也给全世界的人民带来了灾难。

无独有偶，1979年12月，前苏联的少数领导人为镇压阿富汗的民族解放运动，贸然出动了军队一举攻占了阿富汗的首都喀布尔，并很快地将阿富汗的其他主要城市及交通干线完全控制住。苏联出兵阿富汗，原以为能够速战速决，但结果却事与愿违。苏联起初只投入十二万兵力，但打仗却打了近十年的时间，大约有二十五万名官兵阵亡，四百多亿美元花费在这场战争中。然而阿富汗70%的地区一直在抵抗组织的控制下。阿抵抗力量愈军兵士气愈高，而入侵的苏军的士气却越来越低落。因为不堪重负，苏联人民对这场战争又愈来愈不满，苏联不得不于1989年2月自行撤军。前苏联少数领导人没有遵照《孙子兵法》『明君慎之，良将警之』的告诫，贸然用武力冲突解决政治矛盾，最终品尝了战争的苦果。

阿拉伯国家与以色列之间的矛盾冲突时而紧张时而缓和，一直被世界所关注。第二次世界大战以后的几十年，阿以双方一直互为仇敌，大战四次，小战无数，人民都饱尝了战乱的痛苦，交战双方都在尖锐对抗中消耗了经济建设所必需的大量资源以及资金，失去了国家发展的非常有利的时机。经过长期战乱的各国深刻反省，人心思和，人心思定。一些有识之士痛心地认识到，只有采用对话的方式才能和平地解决战争的问题，才能最终解决双方的矛盾和冲突。1991年10月30日，中东和会在西班牙首都马德里召开，标志着阿以双方从尖锐的战争对抗走向和平谈判和政治解决的全新阶段。尽管由于长期战争所造成的矛盾一时难以取得妥善的解决，但这毕竟可以减少双方的战争损失和巨大痛苦，也完全符合《孙子兵法》『非危不战』、以及『安国全军』的思想。

在推进中东和平的进程中，埃及前总统萨达特和以色列前总理拉宾这两位领导人特别值得称道。埃以两国在20世纪70年代以前充满着仇恨，双方的战争连绵不断，著名的第四次中东战争就是在埃以两国之间展开的。萨达特反思长此以往，只能两败俱伤，战争才不会给两国带来经济利益。于是，萨达特毅然于1977年11月19日来到耶路撒冷，表明阿拉伯方面的希望和平的诚意。萨达特的和平愿望得到了以色列方面的积极响应，之后双方经过一系列的商谈，终于达成了和平协议，实现了很长一段时间的和平。拉宾在担任以色列总理后，也认识到战争所带来的危害，主动向阿拉伯国家提出了和平的倡议，同越来越多的阿拉伯国家恢复了交往，建立了合作的关系。大多数以色列人也明显地感受到了阿以两国的初步和解给国家安全和经济环境带来的巨大好处。虽然拉宾最终也还是遭到了顽固势力的谋害，遇刺身亡，但以色列人民却深深怀念他，有一百多万人参加了拉宾的葬礼，还有许多阿拉伯国家的首脑，也满怀敬意地来到耶路撒冷与他告别。

综上所述，《孙子兵法》强调的『非危不战』以及『安国全军』是一条极重要的原则。在进行外交活动时，应该尽量采用和平的方式去解决争端，不能贸然诉诸武力。凡是按照这个原则去做事情的，都会呈现出好的结果；如果违反这条原则而轻举妄动地大打出手的，都会自食恶果，最终都会得到惨痛的教训。

用间篇第十三

曹操李筌曰：战者必用间谍，以知敌之情实也。○张预曰：欲素知敌情者，非间不可也。然用间之道，尤须微密，故次《火攻》也。

【原文】**孙子曰：凡兴师十万，出征千里，百姓之费，公家之奉①，日费千金；内外骚动②，怠于道路③，不得操事④者，七十万家⑤。**曹操曰：古者，八家为邻；一家从军，七家奉之，言十万之师举，不事耕稼者七十万家。○李筌曰：古者发一家之兵，则邻里三族共资之，是以不得耕作者七十万家，而资十万之众矣。○杜牧曰：古者一夫田一顷。夫九顷之地，中心一顷，凿井树庐，八家居之，是为井田。怠，疲也。言七十万家奉十万之师，转输疲于道路也。○梅尧臣曰：输粮供用，公私烦役，疲于道路，废于耒耜也。曹说是也。**相守数年⑥，以争一日之胜，而爱爵禄百金⑦，不知敌之情者，不仁之至也，**李筌曰：惜爵赏不与间谍，令窥敌之动静，是为不仁之至也。○杜牧曰：言不能以厚利使间也。○梅尧臣曰：相守数年，则七十万家所费多矣；而乃惜爵禄百金之微，不以遗间钓情取胜，是不仁之极也。○王皙曰：不惜财赏，不用间也。○张预曰：相持且久，七十万家财力一困。不知恤此，而反靳惜爵赏之细，不以啖间求索知敌情者，不仁之甚也。**非人之将⑧也，**梅尧臣曰：非将人成功者也。**非主之佐也，**梅尧臣曰：非以仁佐国也。**非胜之主⑨也。**梅尧臣曰：非致胜主利者也。○张预曰：不可以将人，不可以佐主，不可以主胜。勤勤而言者，叹惜之也。**故明君贤将，所以动而胜人⑩，成功出于众者，先知也。**李筌曰：为间也。○杜牧曰：知敌情也。○梅尧臣曰：主不妄动，动必胜人；将不苟功，功必出众。所以者何也，在预知敌情也。○王皙曰：先知敌情，制胜如神也。○张预曰：先知敌情，故动则胜人，功业卓然，超绝群众。**先知⑪者，不可取于鬼神，**曹操曰：不可以祷祀而求。○张预曰：视之不见，听之不闻，不可以祷祀而取。**不可象于事⑫，**曹操曰：不可以事类求也。○李筌曰：不可取于鬼神象类，唯问者能知敌之情。○杜牧曰：象者，类也。言不可以他事比类而求。○梅尧臣曰：不可以卜筮知也，不可以象类求也。○张预曰：不可以事之相类者，拟象而求。**不可验于度⑬，**曹操曰：不可以事数度也。○李筌曰：度，数也。夫长短阔狭，远近小大，即可验之于度数；人之情伪，度不能知也。○梅尧臣曰：不可以度数验也。言先知之难也。○张预曰：不可以度数推验而知。**必取于人，知敌之情者也**曹操曰：因间人也。○李筌曰：因间人也。

注释

①奉：同『俸』，指军费开支。②内外骚动：指举国上下混乱不安。内外，前方、后方的通称。③怠于道路：此言百姓因辗转运输而疲于奔波。怠，疲惫、疲劳。④操事：指操作农事。⑤七十万家：比喻兵事对正常农事的影响之大。⑥相守数年：即相持多年。相守，指相持、对峙。⑦而爱爵禄百金：意指吝啬爵位、俸禄和金钱而不肯重用间谍。而，如果。爱，吝惜、吝啬。⑧非人之将：不懂用间谍执行特殊任务的将领，不是领导部队的好将领。非人，不懂得用人（间谍）。⑨非胜之主：不是能打胜仗的好国君。主，君主、国君。⑩动而胜人：此句意谓一出兵就能战胜敌人。动，行动、举动，这里指出兵。⑪先知：指事先侦知敌情。⑫不可象于事：意谓不可用与其他事情类比的

方法去求知敌情。象，类比、比拟。事，事情。⑬不可验于度：指不能用征验日月星辰运行位置的办法去求知敌情。验，应验，验证。度，度数，指日月星辰运行的度数（位置）。

譯文 孙子说：大凡兴兵十万，出征千里，平民百姓的物资耗费，国家公务的开支费用，每天都需要花费数目巨大的资财；全国上下内外因之而动乱不安，民夫兵卒奔波耽搁于路途不能正常从事自己的生产的，就会有七十万家之众（古制：一家从军，需七家负担战争劳役）。敌我两军相持数年，为的是争得一日的胜利。所以，那些吝惜钱财官爵、不肯通过用间谍来了解敌情的将帅，实在是没有仁爱之心。这样的人不配做军队的统帅，不配做国君的辅弼，也不能成为战争胜败的主宰。英明的国君、优秀的将帅，他们之所以一出兵就能战胜敌人，取得的成功超过一般人，就在于用兵之前便掌握了解了敌情。要事先了解敌情，决不能依靠神鬼的启示，也不能用某些事件现象的类比推测，更不可用日月星辰运行的度数去验证，而只能从那些真正了解敌情的人那里获得。

釋例一（一）前204年，陈平对汉王说：『项王正直的臣子像亚父、钟离昧这种人，不过数人而已。大王假如能拿出数万斤黄金，进行反间之计，来离间他们君臣，使他们彼此疑心，使他们自相残杀，然后汉军借机起兵进攻，必能消灭楚国。』汉王认为陈平讲得有道理，于是拿出黄金四万斤给陈平，随便他去运用处理，不过问黄金进出的情形。陈平用大量的黄金，在楚军中积极地进行反间之计，项羽果然猜疑而不信任钟离昧诸人。

（二）1240年，成吉思汗之孙拔都远征俄国，驻兵于伏尔加河畔一年有余，慢慢地养兵肥马。在这悠然之间，放出了无数间谍活动于四方，不仅探知当时俄国国内嫉视反目着的诸侯们的情形，而且侦知那些诸侯们的嫉视反目到了冬季必达到极点，因此，便选定凛冽的寒冬进兵，势如疾风，席卷了那庞大无边的土地。

原文

故用间有五：有因间①，有内间，有反间，有死间，有生间。梅尧臣曰：五间之名也。○张预曰：此五间之名，因间当为乡间。故下文云：乡间可得而使。**五间俱起，莫知其道②，是谓神纪③，人君之宝④也。**曹操曰：同时任用五间也。○李筌曰：五间者，因五人用之。○杜牧曰：五间俱起者，敌人不知其情泄形露之道，乃神鬼之纲纪，人君之重宝也。○梅尧臣曰：五间俱起以间敌，而莫知我用之之道，是曰神妙之纲纪，人君之所贵也。○张预曰：五间循环而用，人莫能测其理，兹乃神妙之纲纪，人君之重宝也。**乡间者，因其乡人而用之⑤；**贾林曰：读因间为乡间。○杜佑曰：因敌乡人；知敌表里虚实之情，故就而用之，可使伺候也。○张预曰：因敌国人，知其底里，就而用之，可使伺候也。韦孝宽以金帛啖齐人，而齐人遥通书疏是也。**内间者，因其官人而用之⑥；**李筌曰：因敌人失职之官，魏用许攸也。○杜佑曰：因在其官失职者，若刑戮之子孙与受罚之家也。因其有隙，就而用之。○梅尧臣曰：因其官属，结而用之。○张预曰：因其失意之官，或刑戮之子弟，凡有隙者，厚利使之。晋任析公、吴纳千胥皆近之。**反间者，因其敌间而用之；**李筌曰：敌有间来窥我得失，我厚赂之，而令反为我间也。○王皙

西施入吴

越国兵败，范蠡向夫差敬献西施等美女。这些美女迷惑夫差，还常向越国传递机密，为越国反攻起了重要作用。

曰：反间，反为我间也。或留之使言其情，又或示以诡形而遣之。○张预曰：敌有间来，或重赂厚礼以结之，告以伪辞；或佯为不知，疏而慢之，示以虚事，使之归报，则反为我利也。赵奢善食秦间，汉军佯惊楚使是也。**死间者，为诳事于外⑦，令吾间知之，而传于敌间也；**李筌曰：情诈为不足信，吾知之，令吾动此（也）间而待之。此筌以待字为非传也。○杜牧曰：诳者，诈也。言吾间在敌，未知事情，我则诈立事迹，令吾间凭其诈迹，以输诚于敌，而得敌信也。若我进取，与诈迹不同，间者不能脱，则为敌所杀，故曰死间也。汉王使郦生说齐，下之。齐罢守备，韩信因而袭之。田横怒，烹郦生。此事相近。○梅尧臣曰：以诳告敌，事乖必杀。○王皙曰：诈吾间，使敌得之；间以吾诈告敌，事决，必杀之也。

生间者，反报也⑧。李筌曰：往来之使。○杜牧曰：往来相通报也。生间者，必取内明外愚，形劣心壮，矫捷劲勇，闲于鄙事，能忍饥寒垢耻者为之。○贾林曰：身则公行，心乃私觇，往反报复，常无所害，故曰生间。○杜佑曰：择己有贤材智谋，能自开通于敌之亲贵，察其动静，知其事计，彼所为已知其实，还以报我，故曰生间。○梅尧臣曰：使智辨者往觇其情，而以归报也。

注释 ①因间：间谍的一种，即本篇下文所说的『乡间』。即依赖与敌人的乡亲关系获取情报，或利用与敌军官兵的同乡关系，打入敌营从事间谍活动，获取情报。②五间俱起，莫知其道：此言五种间谍同时使用起来，使敌人无法摸清我军的行动规律。道，规律、途径。③神纪：神妙莫测之道。纪，道。④人君之宝：此句意谓『神纪』是国君制胜的法宝。宝，法宝。⑤因其乡人而用之：指利用与敌国将领之同乡关系做间谍。因，根据，引申为利用。⑥内间者，因其官人而用之：此句意谓所谓内间，就是指收买敌国的官吏为间谍。官人，指敌方的官吏。⑦为诳事于外：此句意谓故意向外散布虚假情况，用以欺骗、迷惑敌人。诳，欺骗、瞒惑。⑧生间者，反报也：此句意谓那些到敌方了解情况后能够活着的间谍是回来报告敌情的人。反，同『返』。

译文 间谍的运用方式有乡间、内间、反间、死间、生间五种。五种间谍同时运用，使敌人不能知道我国用间谍的手段和途径，这就是所谓的神秘莫测，是国君克敌制胜的法宝。所谓『乡间』，是利用敌国居民中的一般人做间谍；『内间』，是利用敌国中的军民与自己的乡亲关系；『反间』，是利用敌人的间谍来为我们做间谍工作；『死间』，是潜入敌营，将假情报送给我方间谍然后传给敌方间谍的特殊间谍（因真情一旦败露，此类间谍难免被杀，故称死间）；『生间』，是指能活着回来报告敌情的间谍。

释例二 527年，周将韦孝宽用反间计使齐帝杀斛律光。孝宽善于抚御部众，深得人心。

他暗中派往北齐的间谍，都为他舍生尽力。也有北齐人得孝宽之金银财物，向他转送情报的。所以齐的政治、军事情况，周都能事先得知。有一主将许盆，是韦孝宽的心腹，韦孝宽命令其据守一城，许盆竟以城降齐。韦孝宽大怒，遣一间谍去齐，和孝宽原先派往齐的间谍共斩许盆之首而还。

释例三 吴王阖闾被越王勾践打败以后，不久就死了，他的儿子夫差为了报仇，加紧操练士兵。勾践听说以后，就打算先发制人，在吴国还未发兵以前去攻吴。大臣范蠡进谏说：『大王现在不宜出兵。为臣听说兵器就是凶器，发动战争就是背德，争先发起进攻是最下等的事情。如果这样做必然会遭到上天的反对，一点好处也没有。』

越王固执己见，说：『我已经决定了，你就不要多说了。』于是他率兵进攻吴国。吴王夫差得到消息后，发动全国的精锐部队迎战越军，在夫椒地区大败越军。越王勾践只聚拢起残兵败将五千人退守会稽。吴王趁势包围了会稽。

勾践在无奈之中，只好卷甲求和。他派文种出使吴国，请求议和。

文种『膝行顿首』对吴王说：『大王的亡臣勾践，派在下转告您：倘若允许讲和，勾践愿为您的下臣，妻子愿作您的下妾。』

吴王夫差正在得意之中，就想答应了事。

这时，侍立在一旁的伍子胥站了出来说：『大王！这次我们打败越国，实在是上天要把越土赐予我吴国，千万不能答应讲和！』夫差被一语点醒，顿时沉下脸来。谈判陷入僵局，文种只好还报勾践。

勾践得知求和不成，当即告明臣下，先杀掉自己的妻、子，再烧毁宫殿宝器，然后与吴军决一死战。在这危急关头，文种向勾践献计：『吴国的太宰伯嚭，贪财好色，嫉贤妒能，与伍子胥同朝却志趣不合。吴王敬畏伍子胥而宠信伯嚭。若能以财色结其欢心，令其言于吴王，则议和之事必成。』

勾践觉得有理，立即在内宫挑选美女八名，连同黄金千镒，白璧二十双，让文种暗中拜见伯嚭。伯嚭起初听说文种前来求见，并没在意。可当他的随从禀告他说文种携重礼而来时，马上下令召见。文种进入营中，伯嚭又『倨坐以对』，神情傲慢。文种跪着说道：『寡君勾践，年幼无知，开罪吴王，如今愿为吴臣，又恐吴王不受，故遣文种前来拜见太宰，望太宰能在吴王面前美言。』说罢，将礼单呈上。

此时的伯嚭，经过二十年的苦心经营，官至太宰，权势之显赫无以复加。他身为先王阖庐的托孤老臣，也完全可以把骄横而缺少心机的夫差玩弄于股掌之间。但现在唯一不能令他满足的，便是对财货的贪求和对美色的馋涎了。文种将一大批金光闪闪的宝器堆在他面前，又将八名花枝招展的美女唤上堂来，伯嚭眼中顿时溢满了痴迷、淫邪的喜色。

伯嚭虽然满心欢喜，表面上却又假装正经道：『越国旦夕可破，越国所有的财富还怕不归吴国所有吗？你们仅用这点礼物，休想收买我！』

文种知道他贪心不足，便以攻为守说道：『越国虽然战败，但还存有数千精兵，仍可力战。即使战败，越国也会焚毁库藏，然后君臣投奔楚国，吴国又能得到什么好处呢？即使吴国得到越国的全部财富，也会大半收入王宫，太宰您又能得到什么呢？』接着，文种又点明议和之后对伯嚭的好处：『如果事成，越王并非委身于吴王，而是投靠太宰。那么日后越国对吴国的进贡，都要先经过太宰，再进王宫，这样太宰就可独揽越国的财富了。』一席话说得伯嚭心满意足，于是以宾主之礼款待文种。

次日一早，文种再次拜见吴王夫差：『愿大王赦免勾践之罪，则越国宝器尽献吴国；倘若您执意灭越，勾践将尽杀妻、子，焚毁宝器，率五千将士与您决一死战！』

伍子胥当即进谏：『吴、越两国有世仇！有吴则无越，有越则无吴。勾践贤明，范蠡、文种更是良臣。倘若此次放虎归山，则后患无穷！』

正当僵持不下之时，太宰伯嚭一反沉默的态度，出来替文种说话了：『臣听说古代讨伐敌国的，不过是迫使敌国臣服而已。如今越国已经臣服，我们为什么还要苛求呢？』伯嚭一句话，就扭转了吴越和谈的僵局。夫差本就志骄气傲，不把勾践放在眼里，听了伯嚭这番话，当即答应了越王求和的请求，命令围困会稽的大军撤离。

前492年，越王勾践为履行诺言，亲自率领范蠡等三百人『入臣于吴』，以作人质。勾践见到吴王夫差时，『稽首再拜』，表明自己愿『执箕帚』，为吴王做奴仆，夫差顿时怀疑起来：『勾践，你难道忘记败亡之仇了吗？』

勾践脸上依然恭敬有加：『倘若不是大王宽宏大量，臣早就死无葬身之地了。又怎敢

韦孝宽射还赏格

东魏高欢攻玉壁城，守将韦孝宽严令据守。高久攻不下，便向城内射赏格（悬赏令），若有斩韦者，给予重赏。韦在赏格背面写『能斩高欢者也按此赏』射还城外。高欢无功而返。

记挂什么仇恨？』

吴王微微点了点头。旁边的伍子胥立即向吴王高声进谏：『飞鸟在青云之上，尚且要用带丝线的箭射下来，何况它已经栖止在宫池、廊庭之间！今越王入我疆土，进我栅栏，这是送上门来的食物，岂可放过不吃！』

太宰伯嚭由于受了越国的贿赂，此时便站出来反对：『伍子胥虽然精于一时之计，却不明于长远的安国之道。常言道：「诛降杀服，祸及三世。」越王既然臣服，理应好好对待他。大王千万不可偏听无知之言！』

吴王听了伯嚭的话，终于没有杀勾践，而是让他为王宫『驾车养马』。

就这样一连三年，勾践君臣小心翼翼做夫差的奴仆，不露一丝愠怒之色。

伯嚭心里明白：倘若他不能保护勾践君臣的安全，将来也就难以保证自己的贪赃卖国的行为不被揭露。所以他经常在夫差面前为勾践说好话，夫差也渐渐宽恕了勾践。后来夫差生病，勾践亲自为他尝便，夫差深受感动。夫差病愈以后，便放勾践君臣回国。

勾践回到越国后，励精图治，经过多年努力，使越国的国力得到了恢复。

吴王夫差并没注意到勾践在国内积蓄力量，只是看到勾践对自己恭敬如常，再加上太宰伯嚭『既数受越贿，其爱信越殊甚，日夜为言于吴王』，夫差也就对越国的不加防备。

文种又向勾践献策，通过伯嚭，将西施、郑旦两位美女进献给吴王，吴王夫差从此沉迷酒色，荒淫无度。

伯嚭为了除掉朝堂上的障碍——伍子胥，屡次向吴王进谗言，吴王对伍子胥越来越怀疑，后来便将伍子胥赐死。前482年，吴王夫差亲自率领大军北上，想要与晋国争夺盟主的位置。越王勾践看准机会，趁吴国精兵在外，国内空虚，突然发动袭击，一举击败了吴军，杀死了太子友。夫差得知这个消息后，连忙领兵回国，并马上派人向勾践讲和。勾践经过分析，认为自己一下子还灭不了吴国，就同意了夫差的请求。到了前473年，勾践第二次攻打吴国。这时的吴国已经衰败不堪，根本抵挡不住越军的进攻，屡战屡败。最后，夫差再次派人向勾践求和，大夫范蠡坚决主张灭掉吴国，以绝后患。夫差看到求和无望，才后悔当初没有听伍子胥的忠告，羞愧万分，就拔剑自刎了。

越王勾践攻入姑苏城后，坐在夫差原来坐过的朝堂里。范蠡、文种和其他官员都来朝见他。吴国的太宰伯嚭也站在一旁等着受封，他认为自己曾为勾践求情，又帮助勾践除掉了伍子胥，应该得到封赏。

勾践对伯嚭说：『你过去是吴国的大臣，我不敢收你做我的臣子，你还是去陪伴你的国君吧。』伯嚭垂头丧气地退了出去，勾践派人追上去，把他杀了。伯嚭就是所谓的『内间』。

原文

故三军之事，莫亲于间，杜牧曰：受辞指踪，在于卧内。○杜佑曰：若不亲抚，重以禄赏，则反为敌用，泄我情实。○梅尧臣曰：入幄受词，最为亲近。○王皙曰：以腹心亲结之。○张预曰：三军之士，然皆亲抚，独于间者以腹心相委，是最为亲密也。**赏莫厚于间，**杜佑曰：以重赏赏之，而赖其用。○梅尧臣曰：爵禄金帛，我无爱焉。○王皙曰：军功之赏，莫厚于此。○张预曰：非高爵厚利，不能使间。**事莫密于间。**杜牧曰：出口入耳也。密一作审。○杜佑曰：间事不密，则为己害。○梅尧臣曰：几事不密则害成。○王皙曰：独将与谋。○张预曰：惟将与间，得闻其事，非密与？**非圣智①不能用间，**杜牧曰：先量间者之性，诚实多智，然后可用之。厚貌深情，险于山川，非圣人莫能知。○梅尧臣曰：知其情伪，辨其邪正，则能用。○王皙曰：圣通而先识，智明于事。○张预曰：圣则事无不通，智则洞照几先，然后能力间事。或曰：圣智则能知人。**非仁义不能使间，**陈皞曰：仁者有恩以及人，义者得宜而制事。主将者既能仁结而义使，则间者尽心而觇察。乐为我用也。○孟氏曰：太公曰：『仁义著，则贤者归之。』贤者归之，则其间可用也。○梅尧臣曰：抚之以仁，示之以义，则能使。○王皙曰：仁结其心，义激其节；仁义使人，有何不可？○张预曰：仁则不爱爵赏，义则果决无疑。既啖以厚利，又待以至诚，则间者竭力。**非微妙不能得间之实②。**杜牧曰：间亦有利于财宝，不得敌之实情，但将虚辞以赴我约，此须用心渊妙，乃能酌其情伪虚实也。〇杜佑曰：用意密而不漏。〇梅尧臣曰：防间反为敌所使，思虑故宜几微臻妙。**微哉！微哉！无所不用间也。**杜牧曰：言每事皆须先知也。〇梅尧臣曰：微之又微，则何所不知。〇王皙曰：丁宁之，当事事知敌之情也。〇张预曰：密之又密，则事无巨细，皆先知也。**间事未发③而先闻④者，间与所告者皆死。**杜牧曰：告者非诱间者，则不得知间者之情，杀之可也。〇陈皞曰：间者未发其事，有人来告，其间者所告者亦与间者俱杀以灭口，无令敌人知之。〇梅尧臣曰：杀间者恶其泄；杀告者灭其言。〇何氏曰：兵谋大事，泄者当诛；告人亦杀，恐传诸众。

注釋 ①圣智：才智过人的人。②非微妙不能得间之实：此句意谓不是精心设计、手段巧妙的将领，不能取得间谍的真实情报。微妙，精细奥妙。这里指用心精细、手段巧妙。实，指实情。③间事未发：此句言用间之计尚未实施开展。发，举行、实施之意。④先闻：事先知道，即暴露。

譯文 所以对于统领三军、用兵打仗的国君和主帅来说，全军上下没有比间谍更为亲近的人，奖赏没有比间谍更丰厚的，交待处理的事务没有比间谍更机密的。不是睿智聪明的人不能使用间谍；不是仁慈慷慨的人不能指使间谍；不是用心精细的人，不能分辨间谍情报的真伪。微妙呀，微妙！没有什么地方不可以使用间谍。如果间谍工作尚未开展就败露了用间谍的消息，那么，间谍和告密者都应该处死。

釋例四 秦王对魏公子即信陵君的威名深为忧虑，就派人带黄金万两到魏，收买晋鄙门客，让他在魏王面前诽谤信陵君。晋鄙原是魏国大将，信陵君窃符救赵时用朱亥杀掉晋鄙，从此与晋鄙门客结怨。门客对魏王说：『公子在国外已十几年了，现在又回来做了魏国大将，各诸侯国都听从他的指挥。如今在诸侯心目中只知尊信陵君，而不知有您魏王，公子自己也想趁机称王，大家慑于公子威望，也都准备拥戴他为王。』与此同时，秦国又多次派使者到魏国见信陵君，假意庆贺并询问他是否已立为魏王。魏王天天听到这些诋毁信陵君的消息，不能不信，就派人取代了信陵君的职务。信陵君知道自己是受诽谤而被废除大将职务的，『乃谢病不朝，与宾客为长夜饮，饮醇酒，多近妇女。日夜为乐饮者四岁，竟病酒而卒。』秦王得知信陵君已死，派大将蒙骜率兵攻魏，克二十城。设东郡以后，又不断蚕食魏国，十八年后活捉魏王，攻陷魏都大梁。敌不疑，其间不成。

秦王间魏王而成功，正是利用了魏内部的矛盾，又利用了魏王的轻信而挑拨之，达到了假魏王之手除信陵君的目的。

釋例五（一）前575年，晋国攻打郑国，郑国向楚国求救。楚共王出兵救郑，和晋国的军队在鄢陵大战。晋国打败了楚国，晋兵射中了共王眼睛。楚国将军子反收拾残兵，安抚整顿，还想再打。共王召子反谋划，子反侍者阳穀是晋国所收买的间谍，他向子反献酒，子反大醉不能见，王怒责子反，子反自杀。楚王即引兵夜去。晋从此威服诸侯。

（二）前229年，秦用王翦为将，来攻赵国，赵国派李牧和司马尚御敌。秦国用大笔金钱收买赵王的宠臣郭开，让他做反间的工作，进谗言说李牧、司马尚图谋反叛。赵王信以为真，就派赵葱和齐将颜聚取代李牧。李牧抗旨，赵王用计暗中杀了李牧，废掉司马尚的官职。三个月以后，王翦乘势急攻赵国，大败赵军，杀了赵葱，活捉了赵王迁和将领颜聚，灭掉了赵国。

（三）572年，北周大将韦孝宽畏惧斛律光英勇无敌，于是就制造谣言，指使间谍将谣言在邺城散播，说：『百升飞上天，明月照长安。』又说：『高山不推自崩，槲树不扶自坚。』

祖珽乘机续编两句说：『盲老公背受大斧，饶舌老母不得语。』让孩子们在路上唱这些谣言。这谣言被陆令萱知道了，但是她不明白是指谁，就请祖珽来解释。

祖珽说：『百升是一『斛』字，明月是斛律丞相表字，盲老公是指我祖珽，饶舌老母是尊颜。』于是就把谣言报告后主高纬，并向后主解释其意。

祖珽忌恨斛律光，愿作为北周内间，他对后主说：『一本正经地召见他，恐怕他疑虑不敢入见。不妨派使者赐给他一匹骏马，告诉他说「明天将要到东山游览，咸阳王可乘这匹马与皇上同行」，斛律光必然会来奉谢，乘机引他进来逮捕他。』后主决定就照他说的去办。不久，斛律光到宫，被带进凉风堂，刘桃枝从背后一把拉住将他杀了。

岳飞

南宋民族英雄、军事家、抗金名将。字鹏举，谥武穆，后改谥忠武。河北（今河南）相州汤阴永和乡孝悌里人。

釋例六 1130年，南宋济南知府刘豫反叛宋朝，投降金主，在大名府（今河北大名南）被金主封为大齐皇帝。此后，刘豫多次配合金兵攻打宋军，成为宋军北伐的极大威胁。

1137年，岳飞奉命进攻金兵。他认为，要打败金兵，必须先破坏刘豫与金人的关系，进而除掉他，以削弱敌人的力量。岳飞了解到，金人内部对刘豫态度不一，金将粘罕对刘豫亲善，金国元帅完颜宗弼对刘豫憎恶，就想利用这个矛盾离间。

这时正好宋军捉到了一个金兀术派来的间谍，岳飞就决定利用他进行反间活动。岳飞把这个间谍找来，当面故意责问：『你不是张斌吗？前些日子派你送信给齐王，约他和我们一起把金兀术引诱到清河（今江苏淮阴东大清河），两军夹击，把他消灭。你带着我的信不到齐王那里去，差点儿误了我的大事。』间谍听了岳飞这番话，丈二和尚摸不着头脑，但怕岳飞杀死他，为了保住性命也就默认自己是张斌，并向岳飞叩

头求饶。岳飞就给刘豫写了一封信，约刘豫一起诱杀金兀术，又把信装在蜡丸里封好，为了防止丢失，在间谍的腿上割开一个口子，把蜡丸塞到里边，包扎起伤口。然后，岳飞对间谍说：『我饶了你，这回你要严守秘密，一定把信送到。』

这个间谍以为不但保住了性命，还意外地得到了重要情报，真是喜出望外。他急忙跑回金国，把信送给金兀术。金兀术看后，又惊又怒，他把这封信报告了金朝皇帝。金主下令把刘豫废掉，并充军到临潢（今内蒙古自治区巴林左旗林东镇）。

释例七 前204年，项王的使者到汉营来了，汉王就叫陈平好好地招待他。陈平领着使者到了宾馆，摆上了上等的酒筵，由陈平来陪他吃饭，并让坐在上座，问他：『近来范亚父贵体如何？有没有他的亲笔信？』

使者说：『我是项王派来议和的。』

陈平说：『怎么？你不是范亚父派来的？哦，原来

鸿门闯宴

项羽用范增计设下鸿门宴，意欲斩杀刘邦，谁知樊哙借舞剑之名，护住刘邦。后刘邦在樊哙的护送下，在宴会上不告而别。

韩世忠平定建州

南宋名将韩世忠，英勇善战，在抗金战争中立下大功。

如此。对不起，对不起。』

一边说着，他就出去了。不一会儿有人把原来的上等酒席都端回去。又等了好半天，才见一两个人端着一些蔬菜、羹汤进来，请他用饭，连普通的鱼肉都没有。使者回去向霸王一五一十地说了一遍。项王就怀疑范增私通汉王。

当时责问范增，说：『你也三心二意了吗？』

范增听了，摸不着头脑，可是他知道项王已经不信任他了，他就大声地说：『天下大事已经定了，愿大王好自为之。大王看我年老体衰，让我退休回乡吧。』项王就答应了，还派人护送他回本乡居巢去。范增还没到彭城，就给毒疮折磨死了。

原文

凡军之所欲击①，城之所欲攻，人之所欲杀，必先知其守将、左右、谒者、门者、舍人②之姓名，令吾间必索知之。

李筌曰：知其姓名，则易取也。杜佑曰：守，谓官守职任者；谒，告也，主告事者也；门者，守门者也；舍人，守舍之人也。必先知之为亲旧，有急则呼之；则不可不知，亦因此知敌之情。梅尧臣曰：凡敌之左右前后之姓名，皆须审省，而令吾间先知，则吾间可行矣。〇王皙曰：不可临事求也。

注释 ①军之所欲击：即『所欲击之军』，此句为宾语前置句式。下文『城之所欲攻』、『人之所欲杀』句式同此。②守将、左右、谒者、门者、舍人：守将，主将。左右，守将的亲信。谒者，指负责传达通报的官员。门者，负责守门的官吏。舍人，门客，指谋士、幕僚。

譯文 凡是我军想要攻击敌军，想要攻打敌军城堡，准备刺杀敌方官员，都应该事先了解敌方的守将及其左右亲信、掌管通讯联络和把守门户的官员，以及幕僚门客的姓名。这些情况我方的间谍一定要侦察清楚。

釋例八 1134年，宋将韩世忠亲率骑兵驻大仪，抵挡金兵。且伐木为栅，自断归路。恰巧朝廷派魏良臣出使金国，途中与韩世忠相遇。韩世忠知他是主和派，故意撤去炊爨，且谎称已经奉诏移屯平江，魏良臣匆匆驰去。韩世忠等魏良臣出境，即上马下令军中道：『视我手中鞭，鞭指何处，即向何处！』世忠随地设伏，计自大仪以北，设伏二十余处。令各伏兵闻鼓声，一同出击。良臣入金营自述所见，聂儿孛堇知韩世忠退军，急引兵至江口，距大仪五里。别将挞不野率骑兵经过韩世忠五营东首，世忠令擂鼓，伏兵四起，突入金兵阵中。金兵中夹入宋军旗帜，金军大乱。韩世忠命令一队健卒，各持长柄大斧，上砍人胸，下砍马足。敌军觅路逃生，竟陷入泥淖中。宋军四面进攻，敌人马死伤甚众。

释例九 前200年，韩王信造反，并私通匈奴，想合力进攻汉军。刘邦便派使者到匈奴去探听虚实。匈奴尽把壮士和肥大的牛马藏匿起来，只看见一些年老瘦弱的人和羸弱的牲畜。使者探了十次，都说匈奴可击。刘邦又派刘敬再度前往匈奴，刘敬回来报告说：『两国相攻击，应该矜夸炫耀，尽量表现自己的长处让人看。这次我到匈奴去，却只看见一些瘦弱的牲畜和老弱的士兵，这必是故意显露他们的短处，而埋伏着奇兵来争利。我认为匈奴万万不可以去攻打。』此时，二十多万汉兵已经出发了。刘邦大怒，将刘敬囚禁在广武，自己率兵到了平城。匈奴果然出奇兵攻打汉军，围困刘邦在白登山。

原文 **必索敌人之间来间我者①，因而利之②，导而舍之，**杜佑曰：舍，居止也。令吾人遗以重利，复导（遇）而舍（止）之，则可令诡其辞。**故反间可得而用也。**曹操曰：舍，居止也。○杜牧曰：敌间之来，必诱以厚利，而止舍之：使为我反间也。○杜佑曰：故能取敌之间而用之。○梅尧臣曰：必探索知敌之来间者，因而利诱之，引而舍止之，然后可为我反间也。**因是而知之，故乡间、内间可得而使也；**陈皞曰：此说疏也。言敌使间来，以利啖之，诱令止舍，因得敌之情。因间、内间，可使反间诱而使之。○杜佑曰：因反敌间而知敌情，乡间、（内间）者皆可得使。○梅尧臣曰：其国人之可使者，其官人之可用者，皆因反间而知之。○张预曰：因是反间，知彼乡人之贪利者，官人之有隙者，诱而使之。**因是而知之，故死间为诳事，可使告敌；**张预曰：因是反间，知彼可诳之事，使死间往告之。**因是而知之，故生间可使如**

期③。杜牧曰：可使往来如期。○陈皞曰：言五间皆循环相因，惟生间可使如期。○杜佑曰：因敌事而知敌情，生间往返，可使知其敌之腹心所在。○张预曰：因是反间，知彼之情，故生间可往复如期也。**五间之事，主必知之，**李筌曰：孙子殷勤于五间，主切知之。**知之必在于反间，故反间不可不厚也**④。杜牧曰：乡间、内间、死间、生间，四间者，皆因反间知敌情而能用之，故反间最切，不可不厚也。○杜佑曰：人主当知五间之用，厚其禄，丰其财。而反间者，又五间之本，事之要也，故当在厚待。

注釋 ①必索敌人之间来间我者：此句意谓必须查出前来我方进行间谍活动之敌谍。索，搜索。②因而利之：趁机收买、利用敌间。因，由，这里有趁机、顺势之意。③可使如期：可使如期返报。④故反间不可不厚也：此句意谓五间之中，以反间为关键，因此必须给予反间以十分优厚的待遇。厚，厚待，有重视之意。

譯文 必须查出来侦察我方情况的敌方间谍，用优厚待遇和金钱收买他们，对他们进行引诱开导，然后交给他们任务放他们回去，这样就可以使他们成为反间，为我所利用了。因为有了反间提供的情报，因此就可培植、利用乡间和内间了。同样，根据反间提供的情报，死间传播的假情报就可以通过反间而告知敌人。也是因为有了反间，我方的生间就可以按预定的时间回来汇报敌情。对于五种间谍的情况，君主必须清楚地知道，而更应该懂得其中关键又在于利用反间，所以对反间的赏赐待遇不能不是最优厚的。

释例十

（一）张嶷是蜀汉著名的韬略家，常用奇计将对方打个措手不及。苏祁邑的君王冬逢、冬逢的弟弟隗渠等人，已经投降了蜀国又反叛。张嶷诛杀了冬逢。冬逢的妻子，是旄牛部落王的女儿，张嶷用计宽恕了她。而隗渠逃到了西边边界。隗渠刚勇凶猛，敏捷强悍，各部族都非常害怕他，他派两个亲信假装投降张嶷，实际上是来窃取消息。张嶷觉察了，许诺给他们重赏，让他们回去作反间，他们两人于是合谋杀了隗渠。隗渠死后，各部族都安定下来了。又有斯都县年老的首领李求承，以前曾亲手杀死了龚禄，张嶷招募人将他捕捉，历数他以前的罪恶诛杀了他。

（二）汉献帝建安十三年，曹操出动水陆大军二十万南征刘表。刘表去世，刘表之子刘琮以荆州投降曹操。曹操统水陆大军顺江陵东下，征伐东吴的孙权。曹操给孙权下了战书，说率领八十万大军来与东吴对阵。得知这一消息，东吴官员面面相觑，大惊失色。唯有都督周瑜神色如常，为孙权分析曹军的实力，说曹

周瑜定计破曹操

蔡瑁张允投到曹军，对孙刘联军来说是一心腹之患。此二人精通水战，熟悉吴国地形，对火攻曹军来说是一大隐患。故此，周瑜才用计利用蒋干杀掉了蔡瑁张允。

遣樊哙明修栈道

前206年，刘邦攻下咸阳，被项羽封为汉王，带着人马到南郑去，命樊哙等人率少数人马，先去修复栈道，装作要从栈道出击的姿态。但实际上，刘邦大军绕道北上，在陈仓打败章邯的军队，回到咸阳。

军水陆军队不过十五六万人，而且经过长期的征战，早已疲乏不堪。新接收的刘表的军队还未完全信服，仍是三心二意。所以曹军虽然人数众多，但是军心涣散，不足为惧。

孙权很是欣慰，命周瑜派兵部署，以便抵挡曹军的进攻。于是，孙权任命周瑜、程普为左、右都督，率兵与刘备合力迎战曹操；又任命鲁肃为赞军校尉，协助筹划战略。刘备军队此时也与孙权联合，共同抵抗曹操。孙刘联军驻扎在赤壁，与曹操隔江对峙。

周瑜趁夜观看曹军水寨，看见曹军进退得宜，操练得法，心中忧惧。得知曹军水军都督是蔡瑁、张允，十分惊讶，因这两人久居江东，熟习水战，若不除去这二人，绝对是心头大患。

且说曹操这头也十分忧虑，想尽办法去破孙权大营。帐下谋士蒋干便毛遂自荐，说自己与周瑜曾是同窗，愿意前去招降。翌日，周瑜正在营中议事，手下来报，故人蒋干来访。周瑜心中通透，知道蒋干是来做说客的，于是如此这般安排一番。

蒋干入得帐来，周瑜亲热地迎上去，刚开始就用话将蒋干的游说之语堵了回去。蒋干在周瑜帐中几日，一直找不到机会提起劝降的事情。周瑜为蒋干接风以后，又带他到营中各处查看粮草，向他展示东吴的精兵良马。

深夜，周瑜与蒋干同宿，周瑜佯装大醉，和衣卧倒，呕吐不止，狼藉一片。蒋干事情未成，心中郁闷难耐，起床查看，桌上堆着一卷文书，是周瑜的往来书信，内中居然有一封『蔡瑁张允谨封』字样的书信。信中所写是两人暗伏曹营，等待时机取曹操首级的事情。

蒋干大惊失色，偷偷将书信藏在自己身上。第二日早晨，蒋干便偷偷溜出周瑜的营帐，飞奔回去见曹操。将盗得的书信交与曹操细看，曹操大怒，即便唤蔡瑁、张允到帐下。

操说：『我欲使汝二人进兵。』

蔡瑁答到：『军队还未操练熟习，不可轻进。』

操勃然作色：『军若练熟，我的首级就要被献给周瑜了！』

蔡、张二人不知其意，惊慌不能回答。操喝武士推出斩之。

一会儿功夫，两人的首级被献到帐下，操方省悟到：『我中计了！』

众将见杀了张、蔡二人，入问其故。操虽心知中计，却不肯认错，乃谓众将曰：『二人怠慢军法，吾故斩之。』众皆嗟讶不已。操于众将内选毛玠、于禁为水军都督，以代蔡、张二人之职。

细作探知，报过江东。周瑜大喜曰：『吾所患者，此二人耳！今既剿除，吾无忧矣！』肃曰：『都督用兵如此，何愁曹贼不破乎？』瑜曰：『吾料诸将不知此计，独有诸葛亮识见胜我，想此谋亦不能瞒也。子敬试以言挑之，看他知也不知，便当回报。』

周瑜巧用反间计，利用蒋干除去了自己的心腹大患蔡瑁、张允，令曹操后悔莫及。

釋例十一 前207年，刘邦想派二万人的军队去攻打秦守峣关的守军。张良说：『峣关守将是屠夫的儿子，这种市侩之人，用点财帛，就可把他打动了。』刘邦派郦食其带着很多贵重的宝物去诱惑秦将。秦将果然接受了贿赂，背叛了秦，想要和刘邦联合向西偷袭咸阳。刘邦想听从这个建议，张良说：『这次只不过是将领受了财宝背秦罢了，部下士卒们不一定也跟着叛秦。如果部下不听从就危险了。不如乘他懈怠，我们去攻打他。』于是刘邦领兵打败秦军，兵临秦都咸阳城下，秦王子婴出城投降。

釋例十二 战国末期，秦国日益强大，韩国与秦国接壤，兵力薄弱，十分惧怕秦国。为消耗秦国力量，韩国决定采用疲秦计，派水利专家郑国到秦国去作间谍，以建议秦王兴修水利为名，以转移秦国的注意力，使秦国无暇东顾。郑国到了咸阳以后，建议秦王兴修水利，从泾河引水灌溉关中地区的农田，秦王采纳了他的建议，并委派他主持此项工程。施工期间，秦王得知郑国的真实身份是韩国间谍，就盘问郑国。郑国承认了自己的身份，但他对秦王说：『我所做的事对韩国来说，只能延长几年寿命，而对于秦国来

伊尹

伊尹，商初大臣。名伊，尹为官名。一说名挚。今莘县人。传说他为了见到商汤，遂使自己作为有莘氏女的陪嫁之臣，说汤而被用为『小臣』。后为成汤重用。

说，却是万世不朽的事业。』秦王认为郑国言之有理，而且，秦国的水利技术还比较落后，在技术上也需要郑国帮助，于是命其继续完成此项工程。经过十多年的努力，水渠完工，从而灌溉了关中四万余顷良田，对秦国的农业发展起到了重要作用。后来该渠以郑国命名。

郑国渠完成后第五年，韩国终为秦所灭。这充分反映了秦王善于纳谏，化敌为友，知人善任的博大胸怀。

原文

昔殷①之兴也，伊挚在夏②；曹操曰：伊尹也。**周③之兴也，吕牙④在殷。**曹操曰：吕望也。○梅尧臣曰：伊尹、吕牙，非叛于国也，夏不能任而殷任之，殷不能用而周用之，其成大功者为民也。○何氏曰：伊、吕，圣人之耦，岂为人间哉？今孙子引之者，言五间之用，须上智之人，如伊、吕之才智者，可以用间。盖重之之辞耳。○张预曰：伊尹，夏臣也，后归于殷。吕望，殷臣也，后归于周。伊、吕相汤、武，以兵定天下者，顺乎天而应乎人也，非同伯州犁之奔楚、苗贲皇之适晋、狐庸之在吴、士会之居秦也。

磻溪垂钓

姜子牙在磻溪旁垂钓三年，这三年期间，都用直钩垂钓，钩离水面数许。有人笑他这样钓不到鱼，姜子牙笑说，他志不在鱼，而在王侯。

故惟明君贤将，能以上智⑤为间者，必成大功。此兵之要，三军之所恃而动也。曹操曰：谓道之以教令。〇李筌曰：孙子论兵，始于计而终于间者，盖不以攻为主，为将者可不慎之哉！〇贾林曰：军无五问，如人之无耳目也。〇王皙曰：未知敌情者，不可动也。〇张预曰：用师之本，在知敌情，故曰此兵之要也。未知敌情，则军不可举，故曰三军所恃而动也。然处十三篇之未者，盖用非兵之常也，若计战攻，形势。虚实之类，兵动则用之；至于火攻与间，则有时而为耳。

注釋 ①殷：前17世纪，商汤灭夏，建都亳（今河南商丘北），史称商朝。后来，商王盘庚迁都到殷（今河南安阳小屯村），因此商朝又称为『殷』。②伊挚在夏：伊挚，即伊尹。原为夏桀之臣，后归附商汤，商汤任用他为相。在灭夏过程中，伊尹发挥了很大的作用。夏，夏朝，大禹之子夏启所建立的中国历史上第一个奴隶制王朝，共传十七世，至夏桀时为商汤所灭。③周：周朝，前11世纪周武王灭商后所建立的王朝，建都于镐京（今陕西西安）。④吕牙：即姜尚、姜子牙，俗称姜太公。曾为殷纣王之臣。周武王伐纣时，任用吕牙为『师』，打败了纣王。⑤上智：具有很高智谋的人。

譯文 从前，殷商的兴起，得力于伊尹曾在夏朝做过官；西周的兴起，得力于姜尚曾在殷商为臣。所以，明智的君主、贤良的将帅，能使用智慧高超的人做间谍，这样一定能取得极大的成功。这是用兵作战的要诀，整个军队都要依靠他们提供的情报来决定军事行动。

釋例十三（一）相传商朝开国功臣伊尹生于伊水边，成年后流落到有莘氏部落，以耕地为生，他地位虽然卑贱，但心系天下。他见有莘氏国君有贤德，想劝说他起兵灭夏，推翻暴君的统治。为了接近莘国君，他自愿沦为奴隶，充任有莘国君的贴身厨师。国君发现其才干，提拔他为主管膳食之官。经过长期的观察，伊尹终于发现，有莘氏与夏同姓，皆为夏禹之后，他们之间的血缘联系难以割断，况且有莘国实力很弱，不足以担当灭夏重任。只有商部落的首领汤才是理想人选，于是决定投奔汤。当时汤娶有莘氏之女为妃，伊尹自愿作陪嫁随同到商。他背负鼎俎为汤烹炊，还以烹调、五味为引子，进而分析天下大势与为政之道。

商汤娶有莘王的女儿为妃之后，经过接触，他发现作为陪嫁奴仆的伊尹有着经天纬地之才，于是免掉他的奴隶身份，任命为右相，成为最高执政大臣。

伊尹曾被汤推荐给夏桀王，但由于夏桀荒淫无道，伊尹离开了夏桀，又回到商汤的都城，辅佐商汤伐夏，遂灭夏兴商。

（二）太公望吕尚，本来姓姜，字子牙。后来以封邑作为姓，所以名为吕尚。吕尚未发迹前，大概曾经很穷困，年纪很老了，用钓鱼求取周西伯的知遇。

西伯将要出去打猎，卜了一课，预兆说：『得到的不是龙不是凤，不是虎不是罴；得到的是完成霸王之业的辅佐官。』于是西伯出去打猎，在渭水北岸遇见了吕尚，与他交谈，十分高兴。

西伯对吕尚说：『我的先君太公曾说：「准会有圣人到周国来，周将因此兴盛发达了。」您可真就是圣人吗？我家太公盼望您已经很久了！』所以就称吕尚为『太公望』，让他乘车和自己一同回京城，拜他为国师。

（三）北宋名将王德用在定州路任都总管的时候，整天训练军队，准备迎击北方契丹人的突然进犯。

一次，契丹派出间谍前来侦察情况，部下请求将间谍抓起来。王德用说：『先不要抓他，我正打算让他为我传话呢。他回去后会把这里的情况向契丹将领做汇报，这样，契丹人就要认真地权衡是否同我们作战了。百战百胜，也比不上不战而胜。』

第二天，王德用有意地举行了盛大的阅兵仪式，被检阅的士卒个个生龙活虎，精神饱满。阅兵完毕，王德用命令道：将粮草备齐，随时待命出发。

契丹间谍回去把上述情况向契丹将领进行了汇报。契丹将领觉得出兵攻宋，凶多吉少，于是派使者与宋议和。

王德用发现敌人的间谍后，并没有将其抓获，而是用他来传递虚假信息，从而做到了并未直接交战便使契丹人屈服求和。

（四）1928年9月底，毛泽东到茅坪后，刚住了几天，乡工农兵政府委员长谢贵山很焦急地跑来报告：『驻扎在新城的白军营长派来两个女探子，昨天被我们在村子里抓到了，到处打听村里有没有马粪、门板下了没有。』毛泽东略微思考了一下，便向谢贵山面授机宜。谢贵山回去后，便放了那两个女探子。

毛泽东使用的计策是：放走女探子，用来放长线钓大鱼，让女探子把红军大队未回茅坪的消息向白军营长报告，以使敌人来钻红军布置好的『口袋』。

坳头垅所在为茅坪附近，是通往新城的必经之路。毛泽东在这里设下伏击的『口袋』。一夜之间，红三十一团和红二十八团聚集在这里。

得到探子的报告手，新城白军营长决定趁红军大队未回之机偷袭茅坪，第二天早上，他领着一个营的兵力向茅坪摸来。刚到坳头垅的路口，狡猾的营长发现两边山高路险，担心有埋伏，便派出三个扮成老表的士兵前头侦察。忽然，从红军埋伏的地段里走出四个抬木箱的老表，领头的正是谢贵山，他还故意跌了一跤，于是木箱倾倒了，撒了一地白花花的大洋。扮成老表的三个敌兵眼中透出贪婪的目光，谢贵山对他们说：『明后天，毛委员就要领着红军大队回来了。我们把打土豪缴来的钱拿出来买些酒菜。』敌兵扮的老表认为红军大队真的还没有回到茅坪，就在村口点了一把火。看到信号后，白军营长下令继续前进。等敌人进入伏击圈，毛泽东一声令下，红军以排山倒海之将白军全部消灭。

毛泽东利用敌人的两个女探子传递错误的情报，将敌人诱入山中。当伏击圈外的敌人犹豫时，毛泽东又派谢贵山等假扮老表，使敌人坚信他们的错误判断，最终消火了敌人。这个战例说明毛泽东是一位『巧于用间』的高手。

（五）秦国数次打败赵国的军队，廉颇坚守壁垒，不出去迎战，赵王认为廉颇损兵折将，伤亡太多，又胆怯不肯出战，十分生气，好几次责备他。

应侯又派人拿千金到赵国行反间之计，说：『秦国所畏惧的，是马服君的儿子赵括为将。廉颇容易对付，他就要投降了！』赵王于是派赵括代替廉颇为将军。

蔺相如说：『君王派赵括为将军，就好像用胶粘住瑟柱来鼓瑟，怎能称心如意呢？赵括只会诵读他父亲留下的兵书，而不知随机应变。』赵王不听。赵括自幼学习兵法，自认天下无敌；曾和他父亲赵奢谈论军事，赵奢无法难住他，然而总是说他兵法不佳。赵括的母亲询问原因，赵奢说：『兵法是死的东西，括儿轻易谈论。假使赵国不派赵括为将军就罢了，如果一定由他率领军队，我怕使赵国军队被打败的，就一定是括儿了。』

等到赵括即将率兵启程时，他的母亲亲自上书赵王，说不可派用赵括。

赵王说：『为什么？』

回答说：『最初我事奉他的父亲，当时他身为将军，自己奉食给他人进用的，有十几位，和他结交为友的，有百多位，国君及宗室所赏赐的东西，全部分给官兵；自接受君命之日起，不问家事，专心工作。现在赵括一旦做将军，东向朝见，军官无人敢抬头看他；君王所赏赐的金钱财帛，回家收藏起来，看到便宜多利的田宅，可购买的便把它购买下来。君王认为赵括像他的父亲，其实父子的心志不同，希望君王不要派遣他。』赵王说：『请勿多言，我已经决定了。』

赵括的母亲说：『假如他今后有不称职的事情发生，请求不要牵连到我。』赵王立即准许。

秦王听说赵括已经做了赵国的将军，就暗中派武安君做上将军，王龁做副将，下令军中：『有谁敢泄露由武安君为将的，斩首！』

赵括来到军中，变更廉颇的作战方式，更动军部的佐战人员，派兵出击秦国军队。武安君假装战败逃走，伸展左右两翼之兵加以包围。赵括乘胜追击，到达秦国的军垒，壁垒坚强，累攻不下；秦出奇兵二万五千人，断绝赵军的后路，又派骑兵五千人断绝与赵国军垒之间的通道。把赵军一分为二，粮饷补给中断。武安君派轻兵从正面来攻，赵国战况不利，便筑设壁垒以待救援到来。秦王听到赵国粮饷补给的路线中断，便亲到河内，派十五岁以上的人民全赴长平前线，担任阻绝赵国救兵和粮食的任务。齐楚二国派人援赵，但因赵人欠缺粮食，于是向齐国请求支援粟米，齐王不答应。九月，赵军因为断绝了四十六天的粮食，军中士卒都私下彼此残杀以为食。秦军突然加强攻势，赵军想分四队冲出包围，往复四五次，都冲不出去。赵括亲自率领精锐部卒，和秦军作肉搏战，被秦人乱箭射死。赵军大败，四十万士兵全部投降。

武安君说：『秦国已经攻下上党，上党人民却不喜欢做秦国人，反而归附赵国。赵国士兵反复无常，如不赶尽杀绝，今后恐会叛乱。』于是使用欺骗手段，将他们全部活埋杀死，只遣送弱小士兵二百四十人回赵。这场战争的结果，前前后后斩首及被俘虏的有四十五万人，给赵国带来极大的震撼。

（六）东汉末年以来，刺史总领诸郡，布政一方，与以往职掌司察之任，区别很大。贾逵富有政治、军事韬略，威恩兼施，整肃万里，为曹魏集团中有名的封疆大吏。贾逵运用韬略，烂熟于心，注重因时制宜，因地制宜，圆融灵活，讲究实效，其所行事，多有可贵之处。

以前，贾逵曾到皮氏，对当地人说：『双方争夺一块地方，先占据有利地形的一方必胜。』到郭援包围绛邑，形势危急的时候，贾逵知道绛邑将被攻破，就派人从小路将他的印绶送回河东郡，并让他通知郡守，赶快占据皮氏。郭援吞并了绛邑的守军之后，将要继续进军。贾逵怕他先占领皮氏，就用别的计策使郭援的谋士祝奥产生疑虑，以至郭援的军马停留了七天。河东郡郡守听从了贾逵的劝告，所以没有打败仗。

后来贾逵被推举为茂才，任渑池县令。高干谋反以后，弘农郡的张琰要起兵响应，贾逵不知道张琰的阴谋，去见他。到那以后，听说叛乱已经发生了，想回去，又怕被捉住，就替张琰出谋划策，好像是与他同谋的人。张琰相信了他。当时渑池县寄治于蠡城，城外的壕沟很不坚固，贾逵请求张琰派兵去修蠡城的城池，那些要谋反叛乱的都不隐讳他们的阴谋，所以贾逵能够把他们一网打尽。然后再修城抗拒张琰的部队。张琰败亡以后，贾逵因为祖父去世离官，又由司徒征召他为掾吏，以议郎职衔参与司隶军事。

孙子讲，『上兵伐谋』，打乱敌方部署，使其计划不能如期实施，是最为有利之举。一旦充分了解敌方之谋，有目的地实施己方之谋，反彼为己，因彼成己，使敌人套入圈套，一举取胜。贾逵借机就势，因敌为谋，表现了处变不惊、灵活机动的韬略素养。

（七）吕蒙为三国时代的著名智将，也是中国历史上杰出的军事家。

吕蒙在年轻时代，不辞艰险，卓具胆魄，然读书不多，智略未广。后来，在军事实践中注意理论与文化的修养，于是学问日增，以致运筹谋划，出奇制胜，手段高超，识见过人，谋勇兼具，如虎添翼。

吕蒙善于见机，敢于决断，明于大计，精于指挥，曾巧降郝普，智擒关羽，建立了赫赫战功。吕蒙在韬略上圆融变通，临机制变，已臻于化境。

刘备派关羽镇守荆州全境，孙权命令吕蒙往西夺取长沙、零陵、桂阳三郡，吕蒙发文到长沙、桂阳两郡，对方望风归服，唯独零陵太守郝普守城不降。而刘备亲自从西蜀来到公安，派关羽来争夺三郡。孙权那时在陆口，让鲁肃带领万人驻扎在益阳抵御关羽，用紧急文书召令吕蒙，要他舍弃零陵，赶快回来帮助鲁肃。

起初，吕蒙平定长沙之后，要去零陵，经过酃县时带上南阳人邓玄之。邓玄之是郝普的老友，吕蒙想用他去诱降郝普。接到紧急文书时，吕蒙先将此事保密。夜晚召见各将领，布置计谋策略，声言早晨便要攻城。

吕蒙看着邓玄之说：『郝子太听说世间有忠义的事，也想要这样做，可是不识时机。现在左将军刘备在汉中，被夏侯渊所围。关羽在南郡，由我主上亲自来对付他。他们正是首尾倒悬，救死还来不及，哪有余力再来管这边的事呢？现在我军都是精锐部队，人人都想拼命作战，主上派兵沿路不绝。如今子太以危在旦夕的命运，等待望不到的救兵，就好像牛蹄穴中的鱼，想依赖长江、汉水的救济，这事已经很明显不可靠了。如果子太必定能够集中士卒的心，保守孤城，勉强拖延时间，来等待援兵，这还可以。现在我军全心全意来攻，要不了多少日子，城池必定攻破，城破之后，自己死了有什么好处？何况还会让白发苍苍的百岁老母也遭诛杀，岂不痛心吗？想来此人得不到外间消息，认为援军可靠，所以才这样做。你可前去见他，向他陈述祸福的实况。』

玄之去见了郝普，把吕蒙这些话都说给他听，郝普畏惧，就听从了吕蒙的意见。邓玄之先出城报告吕蒙，说郝普随后就到。吕蒙预先命令四员部将，各选一百名士兵，等郝普一出城，便进去据守城门。一会儿郝普出来了，吕蒙迎上去握住他的手，和他一起下到船上。交谈之后，拿出紧急文书给郝普看，并且拍手大笑。郝普看了文书，才知道刘备在公安，关羽在益阳，自觉惭愧悔恨，无地自容。

吕蒙留下孙皎，将善后事宜委托给他，自己立即率部赶赴益阳。刘备请求结盟，孙权就把郝普等人放归，划湘水为界，将零陵还给刘备。将寻阳、阳新作为吕蒙的奉邑。

（八）1130年，南宋济南知府刘豫反叛宋朝，投降金主，在大名府（今河北大名南）被金主封为大齐皇帝。此后，刘豫多次配合金兵攻打宋军，成为宋军北伐的极大威胁。

1137年，岳飞奉命进攻金兵。他认为，要打败金兵，必须先破坏刘豫与金人的关系，进而除掉他，以削弱敌人的力量。岳飞了解到，金人内部对刘豫态度不一，金将粘罕对刘豫亲善，金国元帅完颜宗弼（即金兀术）对刘豫憎恶，就想利用这个矛盾离间敌人。

这时正好宋军捉到了一个金兀术派来的间谍，岳飞就决定利用他进行反间活动。岳飞把这个间谍找来，当面故意责问：『你不是张斌吗？前些日子派你送信给齐王，约他和我们一起把金兀术引诱到清河（今江苏淮阴东大清河），两军夹击，把他消灭。你带着我的信不到齐王那里去，差点儿误了我的大事。』间谍听了岳飞这番话，丈二和尚摸不着头脑，但怕岳飞杀死他，为了保住性命也就默认自己是张斌，并向岳飞叩头求饶。岳飞就给刘豫写了一封信，约刘豫一起诱杀金兀术，又把信装在蜡丸里封好，为了防止丢失，在间谍的腿上割开一个口子，把蜡丸塞到里边，包扎起伤口。然后，岳飞对间谍说：『我饶了你，这回你要严守秘密，一定把信送到。』

这个间谍以为不但保住了性命，还意外地得到了重要情报，真是喜出望外。他急忙跑回金国，把信送给金兀术。金兀术看后，又惊又怒，他把这封信报告了金朝皇帝。金主下令把刘豫废掉，并充军到临潢（今内蒙古自治区西林县）。

岳飞利用敌人营垒内部的矛盾，巧借敌间，诈中又诈，用一个反间计除掉了一个叛贼，解除了一大威胁。唐朝杜牧说：『敌有间窥我……示以伪情而纵之，则敌人之间，反为我用也。』这个成功事例，可以作为对这段话的生动说明。

（九）明朝末年，努尔哈赤多次率领大军犯边。有一次，努尔哈赤领兵攻打宁远。明将袁崇焕指挥全城军民，奋力作战，重创后金军队，努尔哈赤也身负重伤，不久便病死了。后金贵族视袁崇焕为眼中钉、肉中刺，必欲置之死地而后快。

努尔哈赤去世以后，皇太极即位。1629年，皇太极亲率大军几十万，绕过袁崇焕的防区，取道蒙古，从喜峰口入关，攻陷遵化，一直攻打到北京城附近。崇祯皇帝急令各路兵马向京师增援。各路援军中，战斗力最强的依然是袁崇焕的部队。皇太极进攻北京的一时无法实现，发誓要除掉袁崇焕。他采用纳谋士范文程的建议，施用了一条以陷害袁崇焕为目的反间计。

不久，明军发现皇太极退兵五里下寨，又在北京城外发现了皇太极写给袁崇焕的议和书。这些情况使崇祯皇帝十分警觉，他派自己的贴身太监到城外查访。不料出去查访的人中有两名太监被后金兵捉住。

皇太极知到这件事后，立即向副将高鸿中授以密计。高鸿中是汉人，在言语上与两位太监相通。他不但不对这两个太监加以虐待，反而用好酒好肉款待他们。酒至半酣，有人把高鸿中叫到门外密谈起来。两位太监掩在门后偷听，隐约听到了这样一些内容：袁崇焕已暗中与皇太极达成协议，后金兵依约退兵五里，袁崇焕乘机向后金投降。高鸿中回屋后继续痛饮，装作大醉离去。这时，守兵故意放松警戒，两位太监乘机逃走。

这两位太监逃回北京，将以上情况对崇祯皇帝做了报告。

崇祯皇帝有一个致命的弱点，就是刚愎自用，有很重的疑心。恰巧此时有同袁崇焕有矛盾的官员上书批评袁崇焕『引敌胁和，将为城下之盟』。于是，崇祯皇帝相信了袁崇焕已犯有通敌之罪，便以召见为名将他骗回京都，然后逮捕入狱，并处以极刑。

袁崇焕含冤被杀后，明朝北部的边防力量越来越薄弱，终于导致后金的军队入关占领北京，明土朝就此火亡。

（十）明朝嘉靖时期，浙江沿海一带活动着徐海、陈东和麻叶三股海盗，为害一方。当时，兵部侍郎胡宗宪总督沿海军务，他决定采取招抚和离间并用的策略把这些海盗消灭。

胡宗宪派心腹夏正来到徐海驻地。夏正把礼品献上，对徐海说：『您在海上奔波，如何比得上安居内地？屈作倭奴，又怎能与贵为官僚相比？』徐海听罢，默然沉思。

夏正又装作很神秘地对徐海耳语道：『陈东与胡总督已经密约，捉您归降，不过胡总督担心陈东反复无常，因此寄希望于你。只要你将陈东、麻叶二人捉住并归顺朝廷，胡总督就向皇上奏明，赐你世袭爵位。』

徐海犹豫不决，派人打听陈东的消息。但此时陈东已知徐海接待了朝廷的使者，所以对陈东的使者言加讥讽。使者回报徐海，徐海认为陈东已投降了朝廷。

一段时间以后，徐海没有捉住陈东，但用一个偶然的机会逮住了麻叶，徐海派人将麻叶送到胡宗宪的大营。胡宗宪盛情款待了麻叶，并让他写信给陈东，共谋徐海。但是，胡宗宪没有把这封信送到陈东那儿，而是叫夏正送到了徐海那里。徐海看后气得大骂，到倭寇首领萨摩土处告状。萨摩土帮助徐海抓住了陈东，徐海亲自押陈东来见胡宗宪。

胡宗宪犒赏了徐海，并让他到东沈庄屯兵。徐海走后，胡宗宪对陈东说：『你的本领不在徐海之下，怎么被他抓住了呢？我没有害你的意思，而且还让你屯驻西沈庄。』

陈东带兵到达西沈庄后，怀着满腔仇恨向东沈庄的徐海进攻。交战多日，不分胜负。这时，徐海才领悟到中了胡宗宪的计谋，准备撤兵，但胡宗宪派出的大队兵马赶到，徐海寡不敌众，伤亡惨重，他本人也掉入河中淹死了。西沈庄的陈东的队伍见势不妙，纷纷四散逃命去了。于是，胡宗宪彻底肃清了浙江沿海的三股海盗势力。

（十一）624年，唐朝经过战争基本统一了全国。突厥贵族眼看内地已无可资利用的割据势力，便倾其全部兵力，大举向唐朝疆域入侵。领利、突利两位可汗率军深入到幽州地区，直接威胁到了唐朝国都长安。唐高祖李渊急忙派秦王李世民和齐王李元吉率军前往抵御。

李世民判断，当前的形势是敌强我弱，不能硬拼，要用智取。他说服了李元吉，亲自带100多名骑兵来到突厥兵的阵前。领利、突利见唐军前来的只有100多骑，觉得十分奇怪，他们害怕唐兵暗设圈套，于是压住阵脚，不敢轻举妄动。

来到阵前，李世民对领利大声地说：『我是大唐秦王，如果你有胆量，咱们一对一较量！』然后，李世民来到突利这边，语气和善地对他说：『你曾与我订立盟约，说危急时刻互相救助。现在你不但失约，反而引兵来攻，香火之情、兄弟之谊何在？』领利隐约地听到李世民的话中有『订立盟约』、『兄弟之谊』这样的内容，怀疑突利与李世民之间有密谋，于是率军后退。见此情景，突利也领兵退去。

此后十余日，阴雨连绵。李世民乘着夜色冒雨率军偷袭敌人。突厥人这才发现李世民不好对付。李世民又派人送重金与突利，说明利害，突利开始动摇。领利提出再战，突利表示反对。领利担心突利与李世民之间暗中有约定，为免自身之祸，答应与唐朝订立盟约。突厥随后退兵。

这次与突厥交战，李世民运用了反间计。他知道领利、突利二人虽同为突厥可汗，但所属部落不同，对对方都有疑心。李世民正是利用这一点，假装与突利有过私下的交往，使领利产生疑心。主帅之间不和，军队便没有战斗力。领利担心中了李世民和突利设下的圈套，于是退兵。

（十二）秦王对魏公子即信陵君的威名深为忧虑，就派人带黄金万两到魏，收买晋鄙门客，让他在魏王面前诽谤信陵君。晋鄙原是魏国大将，信陵君窃符救赵时用朱亥杀掉晋鄙，从此与晋鄙门客结怨。门客对魏王说：『公子在国外已十几年了，现在又回来做了魏国大将，各诸侯国都听从他的指挥。如今在诸侯心目中只知尊信陵君，而不知有您魏王，公子自己也想趁机称王，大家慑于公子威望，也都准备拥戴他为王。』与此同时，秦国又多次派使者到魏国见信陵君，假意庆贺并询问他是否已立为魏王。魏王天天听到这些诋毁信陵君的消息，不能不信，就派人取代了信陵君的职务。信陵君知道自己是受诽谤而被废除大将职务的，『乃谢病不朝，与宾客为长夜饮，饮醇酒，多近妇女。日夜为乐饮者四岁，竟病酒而卒。』秦王得知信陵君已死，派大将蒙骜率兵攻魏，克二十城。设东郡以后，又不断蚕食魏国，十八年后活捉魏王，攻陷魏都大梁。敌不疑，其间不成。秦王间魏王而成功，正是利用了魏内部的矛盾，又利用了魏王的轻信而挑拨之，达到了假魏王之手除信陵君的目的。

（十三）张嶷是蜀汉著名的韬略家，一生建功立业，颇有建树。张嶷精通韬略，风格灵活，尤以政治韬略见长。

苏祁邑的君王冬逢、冬逢的弟弟隗渠等人，已经投降了蜀国又反叛。张嶷诛杀了冬逢。冬逢的妻子，是旄牛部落王的女儿，张嶷用计宽恕了她。而隗渠逃到了西边边界。隗渠刚勇凶猛，敏捷强悍，各部族都非常害怕他，他派两个亲信假装投降张嶷，实际上是来窃取消息。张嶷觉察了，许诺给他们重赏，让他们回去作反间，他们两人于是合谋杀了隗渠。隗渠死后，各部族都安定下来了。又有斯都县年老的首领李求承，以前曾亲手杀死了龚禄，张嶷招募人将他捕捉，历数他以前的罪恶诛杀了他。

开始张嶷因为郡所的外城房屋颓坏，另外修筑了小土堡。他在官位三年，迁回原来的郡所，修补整治内城和外城，少数民族的男男女女莫不贡献力量。

他在郡中十五年，境内安宁和平。因他多次请求回朝，便召他到成都。少数民族的百姓留恋爱慕，扶着车子流泪。经过旄牛邑，邑王背着婴儿来迎接他，追寻到蜀郡边界，他的统军将领相继跟随朝贡的有一百多人。张嶷回到朝廷后，被任命为荡寇将军。他意气风发、勇敢有气节，士大夫大多尊重他。然而他放荡少礼，人家也因此指责他。这年是延熙十七年。魏国狄道长李简写密信请求投降，卫将军姜维率领张嶷利用李简的资助以出兵陇西。到狄道后，李简率领城中全部官吏百姓出来迎接蜀军。蜀军的前锋与魏国将军徐质交锋，张嶷临阵牺牲，然而他杀伤的敌人也已过倍。阵亡以后，封他的长子张瑛为西乡侯，二儿子张护雄继承他的爵位。南边越郡的少数民族百姓听说张嶷战死，没有一个不悲痛哭泣的，还替张嶷立庙，四季水旱时总是祭祀他。

（十四）第二次世界大战中，德国法西斯军队入侵南斯拉夫。由铁托领导的南斯拉夫共产党组织了解放军和游击队。南斯拉夫军队充分发挥灵活、快速、机动的优势，给德军以重创，使德军疲于奔命。

1942年4月，德国集结了几个德国师、几个意大利师和几个南傀儡军队师，全力进攻东波斯尼亚解放区（南斯拉夫解放军最高司令部的所在地）。德军包围了东波斯尼亚解放区，企图一举摧毁南斯拉夫解放军最高司令部。

铁托制定了巧妙的战略方针，他没有用所有兵力保卫和死守东波斯尼亚解放区，而是将这个解放区让出来。撤出来的解放军主力行至中、西波斯尼亚一带，突然掉头进行反攻。刚刚进入东波斯尼亚的德军猝不及防，被打得狼狈不堪。解放军还游动到萨拉热窝和杜勃罗夫尼克之间，损毁70多公里的铁路，切断了进攻之敌与后续部队的联系。最后，德军妄图侵占东波斯尼亚的计划落空了。

铁托主动让出东波斯尼亚解放区，唱『空城计』，目的是诱敌深入，找机会突袭敌人，一点点地蚕食敌人。试想，如果不是采用这种灵活战术，而是一味地死守，那么，不仅伤亡惨重，而且还未必能守住东波斯尼亚解放区。

（十五）北宋真宗年间，马知节出任延州的知州。有一年元宵节，派出去侦察的士卒回来报告说：边寇的大队人马正向延州开来。马知节心想：城内军民正准备过节，如果得知这个消息，一定会混乱不堪。而且自己的兵马太少，不足以抗敌，怎么办呢？想着想着，他忽然眼前一亮，马上有了应对的办法。

马知节首先命令大开城门，然后张灯结彩，大摆宴席，全军上下与民同庆，共度佳节。将士们看到知州如此镇定自若，知道其必有破敌良策，于是军心稳定，行动有序。城中百姓见如此情形，也都安心过节。

边寇兵临城下，见城门大开，城中百姓正欢天喜地过佳节，猜疑城内必有重兵埋伏，认为此次进犯不是时候，便主动地撤退了。

（十六）1634年，李自成率领高闯王统率的农民起义军三万人掩护大部队撤退。因误入兴安附近的车箱峡，陷入官军的重围之中，三万人面临着覆没之灾。

这车箱峡位于黄河的上游，全长四十里。两岸悬崖峭壁，无法攀登，只有峡底沿河一条小路可以通行。农民军入峡后，才发现前面早已被明军堵住，而后边又有追兵，农民军陷入重围之中。李自成将人马分成两路，在峡谷两端修筑工事，分别挡住明军的进攻，但却无法突围了。

明军几次进攻都没有成功，便不再攻了，只是堵住谷口，想把农民军困死、饿死。农民军的粮食吃光了，马匹也有一半饿死。而这时偏又赶上夏季连雨，找不到一根能燃着的干树枝，不仅马肉不能烤熟充饥，就连弓箭也被雨水泡软。农民军几乎失去了战斗力。

李自成召集手下的头领们商量。众人决断不下，因为实在找不到出路。李自成于是说出自己的计策，假意投降，度过难关。

于是，李自成派李过带着掳获的珠宝，出谷去见明军主帅。恰好五省总督陈奇瑜也赶到这里。原来他调集了二十万大军，想一举消灭农民军，没想到却让农民军的主力跑掉了，只困住这三万人。他把李过传进帐中。李过道过姓名、身份后，没有说明来意，只把手中的包袱放到陈奇瑜案上。待包袱打开，陈奇瑜眼前一亮，只见包袱里全是晶莹闪耀的珍珠宝石。陈奇瑜一摆手，左右就把包袱收起来了。李过一看陈奇瑜把包袱留下，这才说明来意，要求解散归农。

陈奇瑜大喜，以为招抚了这三万人，是立了一大功，当即一口应允。于是农民军交出了武器，在陈奇瑜派的『安插官』的监视下，离开车箱峡，准备取道汉中，返回陕北家乡。农民军赤手空拳、大步流星地走了几天，来到凤翔、宝鸡附近。夜里他们突然拿出暗藏的匕首等短兵器，将『安插官』全部杀死，重新举起义旗，接着攻破附近的麟游、扶风等七座县城。

（十七）十六世纪初，与俄国毗邻的喀山汗国日益强大起来，对俄国构成了潜在的威胁。因此，俄国沙皇打算灭掉喀山汗国，但一直没有机会。伊凡四世执政之后，俄国军事力量迅速膨胀，而此时喀山汗国内部争权夺利，政局混乱。伊凡四世决定乘势远征喀山。

伊凡四世于1552年6月亲率俄军向喀山挺进，40天后，俄军在喀山城下集结。喀山城位于陡峭的高山上，城边有坚固的护墙，四周有河流、湖泊，易守难攻。喀山城内有守军四、五万人，个个勇猛无畏，准备以身殉国。

鉴于这种情况，伊凡四世立即制订出攻城方略。他在城边架设重型火炮，猛烈轰击城墙，又在城的正面挖掘战壕，让俄军伏于其中，用各种武器向城中开火，并且不时发起冲击。另外，俄军还建了一个攻城塔，塔上装上火炮，居高临下地向城内射击。但是，这一切只是为了吸引喀山守军的注意力。与此同时，伊凡四世命令俄国士兵悄悄地在城边寇兵临城下，见城门大开，城中百姓正欢天喜地过佳节，猜疑城内必有重兵埋伏，认为此次进犯不是时候，便主动地撤退了。

（十六）1634年，李自成率领高闯王统率的农民起义军三万人掩护大部队撤退。因误入兴安附近的车箱峡，陷入官军的重围之中，三万人面临着覆没之灾。

这车箱峡位于黄河的上游，全长四十里。两岸悬崖峭壁，无法攀登，只有峡底沿河一条小路可以通行。农民军入峡后，才发现前面早已被明军堵住，而后边又有追兵，农民军陷入重围之中。李自成将人马分成两路，在峡谷两端修筑工事，分别挡住明军的进攻，但却无法突围了。

明军几次进攻都没有成功，便不再攻了，只是堵住谷口，想把农民军困死、饿死。农民军的粮食吃光了，马匹也有一半饿死。而这时偏又赶上夏季连雨，找不到一根能燃着的干树枝，不仅马肉不能烤熟充饥，就连弓箭也被雨水泡软。农民军几乎失去了战斗力。

李自成召集手下的头领们商量。众人决断不下，因为实在找不到出路。李自成于是说出自己的计策，假意投降，度过难关。

于是，李自成派李过带着掳获的珠宝，出谷去见明军主帅。恰好五省总督陈奇瑜也赶到这里。原来他调集了二十万大军，想一举消灭农民军，没想到却让农民军的主力跑掉了，只困住这三万人。他把李过传进帐中。李过道过姓名、身份后，没有说明来意，只把手中的包袱放到陈奇瑜案上。待包袱打开，陈奇瑜眼前一亮，只见包袱里全是晶莹闪耀的珍珠宝石。陈奇瑜一摆手，左右就把包袱收起来了。李过一看陈奇瑜把包袱留下，这才说明来意，要求解散归农。

陈奇瑜大喜，以为招抚了这三万人，是立了一大功，当即一口应允。于是农民军交出了武器，在陈奇瑜派的『安插官』的监视下，离开车箱峡，准备取道汉中，返回陕北家乡。农民军赤手空拳、大步流星地走了几天，来到凤翔、宝鸡附近。夜里他们突然拿出暗藏的匕首等短兵器，将『安插官』全部杀死，重新举起义旗，接着攻破附近的麟游、扶风等七座县城。

（十七）十六世纪初，与俄国毗邻的喀山汗国日益强大起来，对俄国构成了潜在的威胁。因此，俄国沙皇打算灭掉喀山汗国，但一直没有机会。伊凡四世执政之后，俄国军事力量迅速膨胀，而此时喀山汗国内部争权夺利，政局混乱。伊凡四世决定乘势远征喀山。

伊凡四世于1552年6月亲率俄军向喀山挺进，40天后，俄军在喀山城下集结。喀山城位于陡峭的高山上，城边有坚固的护墙，四周有河流、湖泊，易守难攻。喀山城内有守军四、五万人，个个勇猛无畏，准备以身殉国。

鉴于这种情况，伊凡四世立即制订出攻城方略。他在城边架设重型火炮，猛烈轰击城墙，又在城的正面挖掘战壕，让俄军伏于其中，用各种武器向城中开火，并且不时发起冲击。另外，俄军还建了一个攻城塔，塔上装上火炮，居高临下地向城内射击。但是，这一切只是为了吸引喀山守军的注意力。与此同时，伊凡四世命令俄国士兵悄悄地在城墙下挖掘深洞，并在洞内埋设大量的火药桶。他还派人破坏了地下水道，给城内军民的用水造成极大困难。

10月12日，俄军一切准备就绪，开始发动总攻。在总攻之前的一瞬间，连续不断的巨响震撼了喀山城，这是俄军偷埋的炸药引爆了。喀山城墙被炸毁数处，俄军从缺口处蜂拥而入。城内守军英勇奋战，但最后由于寡不敌众而全部壮烈牺牲，喀山汗也被俘。

（十八）北宋真宗年间，雄州知州李允则打算修城筑墙以防御北方契丹大军的突然进犯。但是当时契丹与北宋签订了和约，如果公开修筑城池，恐怕契丹会以此为借口进行武装挑衅。由于契丹强而北宋弱，北宋朝廷一味苟安求和，不愿引起战争。于是，李允则采取了一个『明修栈道，暗渡陈仓』的计谋。

雄州城北门外原来有一座瓮城，李允则想修一个大城把它也包括进来。他首先在城北修建东岳祠，然后又购置了很多祭祀器具，同时让吹鼓手们在路旁吹吹打打，以引起当地百姓和北方契丹人的注意。过了几天，李允则派人将东岳祠中的祭祀器具全部偷偷运走，还放出消息说这些器具被北方契丹人盗走了。李允则煞有介事地下令捉拿盗贼，一时间闹得满城风雨。后来，李允则表示：盗贼横行妄为，非筑城围护才可。于是，他开始大张旗鼓地筑城，把原来瓮城居住的人，全部纳入新修的大城之中。

每年到了祭祀河神的时候，李允则就在两国界河举办划船比赛，并欢迎北方契丹人随意观看。表面是划船比赛，实际上是在偷偷练习水战。雄州的北面原来挖了许多陷马坑，还有很多供瞭望用的土堡。李允则对人说：『宋与契丹既然讲和，要这些东西还有什么用？』他派人把陷马坑填平，把土堡拆除，在上面开垦菜田，四周修建矮墙和种植大片荆棘。于是，这个地方比以前更难行走了。随后，他以理佛事之名在北部建了一个佛塔，30里方圆的景象可以尽收眼底。李允则还命令在边界地区栽上榆树，久而久之，这些地区树木林立。李允则对同僚说：『长起来的榆树是最好的障碍物，敌人的骑兵来了将无用武之地。』

李允则筑城设防，可谓是煞费苦心。他布置种种假象，使敌方认为他的所作所为仅仅是为了给百姓创造一个良好的生活环境，绝无其他企图。在这种迷雾的遮掩下，他筑城设防，在契丹还没弄懂他的真实意图之时，一座与契丹对峙抗衡的防御堡垒早已建成。

（十九）1956年7月26日，埃及总统纳赛尔宣布：将英法势力控制的苏伊士运河收归国有，以运河的收入来修建阿斯旺水坝。埃及的这一行动，使英法在中东的利益遭到严重损害。为实施报复，英法决定武装干涉埃及。

英法联军为了确保登陆的成功，急需摸清埃及的军事防御体系，为此，他们实施了打草惊蛇之计。

11月5日拂晓，天刚蒙蒙亮，英法联军的飞机模模糊糊的身影渐渐进入埃及塞得港的上空。埃及军民在工事里早已做好了战斗准备，不一会儿，一串串空降兵从天而降，一张张降落伞徐徐展开。处于高度紧张状态的埃及入立刻向空降兵开火，塞得港的军事防御体系全部暴露出来。

其实，这些空降兵都是用木头和橡皮做成的假人，目的是引诱埃及人暴露火力。正当埃及人全力向那些假人射击时，英法联军的轰炸机向地面暴露的火力点进行准确的投弹。由于塞得港的火力很快被摧毁，英法联军的登陆部队和空降兵迅速占领了塞得港。在这场战役中，英法联军只伤亡155人，而埃及军民死亡1000多人，2万多人受伤。两军交战的时候，一条妙计胜过千军万马。英法联军运用打草惊蛇之计，用较小的代价取得了塞得港登陆战役的胜利。

結語

吕尚在商朝一直怀才不遇，但对商纣王统治下的国穷兵弱的情况了如指掌。周王拜他为国师后，他时时向文王提供富国强兵的良策，终于使周的政治、经济、军事胜过了殷商王朝，从而奠定了周灭商的基础。前一篇伊尹辅佐汤武王攻灭夏桀的历史情况也与此篇类似，伊尹也像吕尚那样，对前一王朝的情况了如指掌。

商汤所以能够灭夏而统一天下，是赖他的军师伊尹在夏做过官；周武王所以能够灭商而夺得政权，也是赖他的师尚父吕尚在商做过官。因他俩的这种经历，所以对夏、商的虚实十分明了。而孙子把他俩列入间谍群，当做高等间谍，实足以加强全篇的意义，打破一般人对于间谍的轻视观念。其实间谍亦有革命的与反革命之分。不过伊、吕于仕夏仕殷时，是否负着汤武王、周文王的使命，因无史实可考，尚难断定。间谍必须选择『上智』者充当，所以孙子故意把他俩冠以间谍之名而雄其说。

本篇主要论述在战争中使用间谍的重要性，以及间谍的种类、使用的方式。强调『先知』是战胜敌人的重要条件。欲先知敌情，必用间谍，以获取真实、可靠的情报。军队要依靠间谍提供情报而采取行动，而在政治活动、经济活动等领域中，也必须要有『用间』意识。没有用间意识，非但『不能得间之实』，反而要丧失己方之利。孙子在这最后一篇大书用间论，提出了『五间俱起，莫知其道』的观点，强调使用各种间谍，以便广开情报来源，使敌人陷入茫然无从应付的境地。同时强调反间具有重大价值，并主张选择第一流智者（专家）充当间谍。他斥责那种舍不得『爵禄百金』而不重用间谍侦察敌情的『非人之将』、『非主之佐』、『非胜之主』。

《用间篇》作为兵法的最后一篇，与首篇《计篇》遥相呼应，首尾浑然一体，从而构成了一部完整的兵法体系。正是『孙子开卷言计，终篇言间，非间何以为计，非计何以为间？间计二事，可以终始十三篇矣』。

兵法與商道

企业花钱买桥名声大振

1989年，杭州保灵有限公司拿出资金十几万元，买下了延安路中段的人行天桥的命名权，并用本企业产品的商标命名该桥为『保灵』桥，使得企业名声大震。各企业纷纷效法，争着出钱买桥名。位于杭州市官巷口的解放天桥正在建造之中，它的取名权就被杭州西湖味精厂以十五万元巨资买去。这座繁华路段的人行天桥，除了供行人安全过马路之外，又有了一层新的意义：为市改建设和企业经营之间搭了一座互相促进共同发展的友谊之桥。

杭州西湖味精厂和杭州保灵有限公司斥巨资买桥名的做法可谓一举两得。一方面支援了城市建设，给老百姓做了件好事，让大家交口称赞；另一方面，提高了本企业的知名度，增强了本企业的产品在市场上的竞争能力。这实际上要比花钱在电视、广播上做广告要合算得多。因为声音和图像都是一闪即逝的东西，只有桥可以保存长久。只要桥在，企业的知名度就在，这笔钱花得值得。

附录

《百战奇略》节选

第一卷

計戰 凡用兵之道，以计为首。未战之时，先料将之贤愚，敌之强弱，兵之众寡，地之险易，粮之虚实。计料已审，然后出兵，无有不胜。法曰：『料敌制胜，计险阨远近，上将之道也』。①

汉末，刘先主②在新野③，三往求计于诸葛亮④。亮曰：『自董卓⑤以来，豪杰并起，跨州连郡者不可胜数。曹操⑥比于袁绍⑦，则名微众寡，然操遂能克绍，以弱为强者⑧，非惟天时，抑亦人谋也。今操已拥百万之众，挟天子⑨以令诸侯，此诚不可与争锋。孙权⑩据有江东⑪，已历三世⑫，国险民附，贤能为之辅，此可以为援而不可图也。荆州⑬北据汉、沔⑭，利尽南海⑮，东连吴、会⑯，西通巴、蜀⑰，此用武之国，而其主⑱不能守。此殆天所以资将军，将军岂有意乎？益州⑲险塞，沃野千里，天府之土，高祖⑳因之以成帝业。刘璋㉑暗弱，张鲁㉒在北，民阜㉓国㉔富，不知存恤，智能之士思得明君。将军既帝室之胄，信义著于四海，总览㉕英雄，思贤如渴，若跨有荆、益，保其岩阻，西和诸戎㉖，南抚夷越㉗，外结好孙权，内修政治；天下有变，则命一上将将荆州之军以向宛、洛㉘，将军身帅益州之众出于秦川㉙，百姓孰敢不箪食

袁绍

袁绍出身名门望族，官至大将军。其弟袁术称仲家皇帝，袁氏一族可谓『五世三公一帝王』。

壶浆[30]以迎将军者乎？诚如是，霸业可成，汉室可兴矣。』先主曰：『善。』后果如其计[31]。

注释

①计险阨远近，上将之道也。『料敌制胜』：语出自《孙子兵法·地形篇》。②刘先主：指刘备，三国蜀汉的建立者，字玄德，东汉远支的皇族。谥号为昭烈皇帝，史称『先主』。③新野：诸本都作『襄阳』，与史载相违，今据《三国志·蜀书·诸葛亮传》校改。④诸葛亮：三国著名军事家、政治家。字孔明，琅邪阳都（今山东沂南南）人。⑤董卓：字仲颖，东汉陇西临洮（今甘肃岷县）人。汉灵帝时，任并州牧。灵帝死后，他率领军兵进入洛阳，废黜少帝，拥立献帝，自为太师，把持朝政大权，无恶不作。后来被司徒王允所杀害。⑥曹操：三国时期著名的政治家、军事家和诗人。谯县（现为安徽亳县）人，字孟德，小名阿瞒。⑦袁绍：东汉末年封建地方的割据势力之一。汝南汝阳（现为河南商水西南）人，字本初。⑧以弱为强者：马本脱『强』，今从唐本。⑨天

子：古代称统治天下的帝王。这里指的是汉献帝刘协。⑩孙权：三国时期吴国的建立者。吴郡富春（现属浙江）人，字仲谋。⑪江东：芜湖、南京间的长江作西南南、东北北流向，在隋唐以前它是南北往来的主要渡口之所在，习惯上称从这以下的长江岸地区为江东。⑫三世：指孙坚（孙权的父亲）、孙策（孙权的兄长）和孙权三世。⑬荆州：汉武帝时所设置的十三刺史部之一。辖境约现在湖北、湖南两省以及河南、贵州、广东、广西一带。东汉因之，治所在汉寿（现在位于湖南常德东北）。⑭汉、淝：就是说今之汉水，古代通称汉水为淝水。根据《水经注》记载称：其北源出自现在的陕西留坝西名为沮水者称为淝，西源出自今宁强北者称为汉，二源汇集后通称为淝水或汉水。⑮南海：泛指南方沿海一带，即现在的广东和广西一带。⑯吴、会：东汉时分为会稽郡为吴郡、会稽二郡，二者统称为『吴会』，其地统辖现在的江苏和浙江地区。⑰巴、蜀：就是巴郡、蜀郡，辖境现在的四川地区。⑱其主：指的是荆州统治者刘表。⑲益州：汉武帝时所设置的十三刺史部之一。辖境约现在的四川全境以及云南、甘肃、湖北以及贵州的部分地区。⑳高祖：指的是汉高祖刘邦。㉑刘璋：汉光武帝刘秀的儿子中山王刘焉的后代，字季玉，继承其父职为益州牧。后刘备率领军兵入川，刘璋出降。㉒张鲁：东汉末期天师道的首领。㉓阜：据《三国志·蜀书·诸葛亮传》原作『殷』；《百战奇略》原作者因忌讳宋太祖赵匡胤父名（弘殷）而援引时把『殷』改为『阜』。㉔国：马本及唐本都作『固』，形近误，今从王本、汪本。㉕览：通『揽』，收取、采摘之意。㉖戎：

我国古代中原人对西北少数民族的泛称之一。㉗越：我国古代对长江中下游以南地区少数民族的总称。㉘宛、洛：即现在的河南南阳、洛阳地区。㉙秦川：古代地区名。泛指现在的陕西、甘肃秦岭以北的平原地区，因为战国时此地属于秦国而得名。㉚箪食壶浆：语出自《孟子·梁惠王下》，意思是民众用来慰劳所爱戴军队的所犒献的酒饭食物。㉛本篇史例出自《三国志·蜀书·诸葛亮传》。

譯文

战略谋划是用兵作战的首要法则。在没有开战之前，先要判明将帅是贤明还是愚钝，敌人的力量是强大还是弱小，兵员的数量是众多还是寡少，战区的地形是险峻还是平坦，粮草的供应是困乏还是充足。把敌我双方的一系列情况都判断清楚了，然后再出兵攻战，就会战无不胜。正如兵法所说：『判断敌情实际，研究制胜计划，考察地形险易，计算路途远近，这都是高明将帅指导战争所必须掌握的重要法则。』东汉末年，刘备在新野驻扎军队时，曾经三次亲到诸葛亮的住处，请教复兴汉室、统一天下的大计。诸葛亮对他说：『从董卓专权乱政以来，豪杰之士纷纷乘机起兵称雄一方，而地跨州郡的割据者多得数不胜数。曹操和袁绍相比，则是名望低微，兵力弱小，然而曹操最终能战胜袁绍，由弱者变为强者，这不只是天时有利，更重要的是人的正确谋划。如今曹操已经拥兵百万，并且挟皇帝而向诸侯发号施令，实在是不能和他直接较量。孙权占据江东地区，其统治已历三世，那里地势险要，百姓归顺，贤能之人都愿意去辅佐他，这可以结为盟援，而不可以对他图谋不轨。荆州北有汉水和水作屏障，南面的海边有丰富的可供利用的资源，东连吴郡和会稽郡，西通巴郡和蜀郡。这里是用兵的战略要地，但其统治者刘表却没有能力守住它。这大概是上天给将军的优待吧，将军是否有意于此？益州地势险要，土地肥沃广大，可以说是天然富饶之地，汉高祖（刘邦）就是靠这里而成就了霸业。现在，益州牧刘璋昏暗无能，张鲁又在北边与之作对，尽管这里人口很多、资源丰富，但因其不知爱抚民众，致使有才能的人都希望寻找英明的君主。将军既是汉室的后代，而且信义又远扬四海，广交天下英雄，求贤如饥似渴，如果占领荆、益二州，控扼险要，西与诸族和睦为邻，南面抚绥夷越人民，对外结盟孙权，对内修明政治；天下形势一旦发生变化，就伺机派一员大将率领荆州部队向南阳、洛阳等地区进军，而将军则亲率益州之兵北出秦川，所路过地区的百姓谁还不端着丰盛酒食来迎接将军呢！确实能做到这样的话，那么，统一大业就一定可以成功，汉朝统治也就可以复兴了。』刘备听后高兴地说：『说得真是太好啦！』后来的实践果然是按照诸葛亮的计谋进行的。

谋战　凡敌始有谋，我从而攻之，使彼计衰而屈服。法曰：『上兵伐谋。』①春秋时，晋平公②欲伐齐，使范昭③往观齐国之政。齐景公④觞⑤之。酒酣，范昭请君之樽酌⑥。公曰：『寡人之樽进客。』范昭已饮，晏子⑦彻⑧樽，更为酌。范昭佯醉，不悦而起舞，谓太师⑨曰：『能为我奏成周之乐⑩乎？吾为舞之。』太师曰：『暝臣⑪不习。』范昭出。景公曰：『晋，大国也。来观吾政，今子怒大国之使者，将奈何？』晏子曰：『范昭非陋于礼者，且欲惭吾国，臣故不从也。』太师曰：『夫成周之乐，天子之乐也，惟人主舞之。今范昭人臣，而欲舞天子之乐，臣故不为也。』范昭归报晋平公曰：『齐未可伐，臣欲辱其君，晏子知之；臣欲犯其礼，太师识之。』仲尼⑫〔闻之〕曰：『不越樽俎⑬之间，而折冲千里之外，晏子之谓也。』⑭

注释

①上兵伐谋：语出自《孙子兵法·谋攻篇》。②晋平公：春秋时期晋国国君，悼公的儿子，名为彪，在位有二十六年。③范昭：春秋晋国的大夫。④齐景公：春秋齐国国君，庄公的弟弟，名为杵臼，在位为五十八年。⑤觞：古代的盛酒器。这里用作动词，用酒招待之意。⑥樽酌：樽本作『尊』，酒杯；酌，有斟酒、饮酒的意思。⑦晏子：就是指晏婴。春秋时期齐国的大夫，夷维（现在的山东高密）人，字平仲。⑧彻：通『撤』。⑨太师：同『大师』中国古代乐官名。⑩成周之乐：马本及诸本都作『成周公之乐』，与史载不相符合，因此根据《晏子春秋·内篇杂上第五》校改。成周，古代地名，就是西周的东都。成周之乐，即是周天子之乐曲。⑪瞑臣：即眼睛失明之臣。春秋晋国著名乐师师旷生而目盲，擅长辨别声乐。齐国乐官太师自称为『瞑臣』，含有自谦之意，不一定是盲人。⑫仲尼：就是指孔子。春秋鲁国陬邑（今山东曲阜东南）人，名丘，字仲尼。春秋末期著名的思想家、政治家和教育家，儒家学说的开创者。⑬樽

俎：俎，古代祭祀时用来载牲的礼器。樽俎，就是盛酒肉的器具，这里是指筵席。⑭本篇史例出自《晏子春秋·内篇杂上第五》。

譯文 凡在敌人开始对我方进行战争图谋的时候，我方要及时运用这些谋去略戳穿它，使其阴谋无法得逞而不得不屈服于我方。诚如兵法所说：『用兵作战的上策是以谋略挫败敌人的图谋。』

春秋时期，晋平公打算进攻齐国，便派大夫范昭去观察齐国的政治形势。齐景公设宴招待，当酒喝得兴致正浓之时，范昭竟然提出用齐景公的酒杯来斟酒。景公说：『那就用我的酒杯给客人进酒吧。』当范昭喝完自己杯中的酒，正想换杯斟酒时，晏子立即撤掉景公酒杯，仍用范昭所用的杯斟酒进客。范昭假装喝醉了，不高兴地跳起舞来，并对齐国太师说：『能为我演奏一支成周乐曲吗？我将要随乐而起舞。』太师回答说：『盲臣没有学过。』范昭无趣地离开筵席，齐景公责备臣下说：『晋国是个大国。它派人来观察我国政局，如今你们触怒了大国的使臣，这可如何是好呢？』晏子理直气壮地说：『范昭并不是不懂礼法，他是故意羞辱我们国家的，所以我不能听从您的命令，用您的酒杯给他进酒。』太师接着说：『成周之乐是天子才能享用的乐曲，只有国君才能随之而起舞。而今范昭只是一个大臣，却想用天子之乐伴舞，所以我不能为他演奏乐曲。』

范昭回到晋国后，向晋平公报告说：『齐国是不可进攻的。因为，我想羞辱他们的国君，结果被晏子看穿了；想冒犯他们的礼法，结果又被其太师识破了。』孔子听到这件事后，赞叹说：『不越出筵席之间，而能抵御千里之外的敌人的进攻，晏子就是这样的人。』

间战 凡欲征伐，先用间谍，觇敌之众寡、虚实、动静，然后兴师，则大功可立，战无不胜。法曰：『无所不用间也。』①

周将韦叔裕②，字孝宽，以德行守镇玉壁③。孝宽善于抚御，能得④人心，所遣间谍入齐⑤者，皆为尽力。亦有齐人得孝宽金货者⑥，遥通书疏⑦。故齐动静，朝廷皆知之。齐相斛律光⑧，字明月，贤而有勇，孝宽深忌之。参军曲严颇知卜筮⑨，谓孝宽曰：『来年东朝⑩必大相杀戮。』孝宽因令严作谣歌曰：『百升飞上天，明月照长安。』⑪百升，斛也。又言：『高山不推自隤，槲木不扶自立。』⑫令谍人多赍此文，遗之于邺⑬。祖孝正⑭与光有隙，既闻更润色之，明月卒以此诛。周武帝⑮闻光死，赦其境内，后大举兵，遂灭齐⑯。

注释 ①无所不用间也：语出自《孙子兵法·用间篇》。②韦叔裕：北周杜陵（现在的陕西长安县东南）人，字孝宽。善于用兵，有卓越战功。北周武帝时期，官至大司空、上柱国。③玉壁：北周军事重镇，旧址在今山西稷山西南。④得：马本作『将』，很明显有误；今从唐本及王本、汪本。⑤齐：是指北朝之一。550年，高欢的儿子高洋取代了东魏自立为皇帝，改国号为齐，史称『北齐』。⑥金货者：马本作『金贺还』，明显有误。今从汪本；唐本作『金币』，亦通。⑦书疏：是指『书翰』，书札之类；这里指的是书面情报。⑧斛律光：字明月，高车族，北齐朔州（今山西朔县）人。出生于将门，擅长骑射，长期与北周作战。官至左丞相。后因为周将韦叔裕对其施以离间计，被齐后主高纬疑忌所杀。⑨卜筮：古代的一种占卜的迷信活动，以龟甲占卜吉凶的称为『卜』，以蓍草占卜吉凶的称为『筮』。⑩东朝：指的是北齐。因为北齐地处北周的东面，因此而得名。⑪百升飞上天，明月照长安：百升（计十斗）为一斛，影射斛律光之『斛』；明月，是斛律光的字；长安，是北周的都城。这两句话的意思是：斛律光要当皇帝，并将归顺北周。⑫高山不推自隤，槲木不扶自立：『槲木不扶自立』句，《周书·韦孝宽传》原作『槲树不扶自竖』，《百战奇略》原作者因为忌讳宋英宗嫌名（曙）而援引时将『树』改为『木』，将『竖』改为『立』。高山，用以比喻北齐高氏政权；槲木，用以比喻斛律光。这两句话的意思是：北齐高氏统治将要垮台，斛律光就要取而代之。⑬邺：北齐都城，地处今河北临漳县西南。⑭祖孝正：《周书·韦孝宽传》原作『祖孝徵』，《百战奇略》原作者援引时因讳宋仁宗嫌名（祯）而将『徵』改为『正』。⑮周武帝：指宇文邕，他是宇文泰的第四子。557年，他乘北齐国势衰微，出兵一举歼灭了齐，统一了黄河以北的地区，为后来的隋朝统一全国奠定了基础。⑯本篇史例出自《周书·韦孝宽传》。

【譯文】大凡要出兵进攻敌人之前必须事先派遣间谍秘密探明敌军人数的多少、力量的虚实、部队的行止，然后出兵进攻就可以大功告成，战无不胜。诚如兵法所说：『（对敌作战）什么时间都可以使用间谍。』

北周名将韦叔裕，字孝宽，凭借自身的德行而长期镇守在玉壁城。他善于安抚和管理士卒，部众都非常拥护他。所以，他派往北齐的间谍都能尽力搜集情报。也有为他重金收买的北齐人从遥远的齐国送来书面情报。所以，北齐无论有什么动静，北周朝廷都了如指掌。北齐左丞相斛律光，字明月，既贤明又英勇，是被孝宽非常忌恨的一个对手。参军曲严非常了解占卜之术，他对孝宽说：『明年，北齐一定会因相互残杀而大乱。』孝宽因此命令曲严编造歌谣说：『百升飞上天，明月照长安。』『百升』，就呈一斛，（以此来隐喻斛律光）。又说：『高山不推自隤，槲木不扶自立。』然后又命令间谍携带大量写好的歌谣传单，散发到齐都邺城，北齐尚书左仆射祖孝徵与斛律光有摩擦，他得到此传单后就更火上浇油地向齐后主高纬报告，斛律光最终因此而遭到了祸害。北周武帝宇文邕得知斛律光被杀身亡的消息后，高兴得马上向全国颁布大赦令。后来又出动大军，一举灭了北齐。

【選戰】凡与敌战，须要选拣勇将、锐卒，使为先锋，一则壮其志，一则挫敌威。法曰：『兵无选锋曰北。』①

建安十二年，袁尚、熙②奔上谷郡③，〔引〕乌桓④数入塞为害。曹操征之。

夏五月，至无终⑤；秋七月，大水，傍海道路不通。田畴⑥请为乡导，公从之，率兵出卢龙塞⑦，水潦，道不通，乃堑山堙谷⑧五百余里，经白檀⑨，历平刚⑩、鲜卑庭⑪，东陷柳城⑫。未至二百里，虏方知之。尚、熙与蹋顿⑬、辽西单于⑭楼班、右北平⑮单于能臣抵之等将数万骑逆军。八月，登白狼山⑯，卒⑰与虏遇，众甚盛。公辎重在后，被甲者少，左右皆惧。公登高，望虏阵不整，乃纵兵击之，使张辽⑱为先锋，虏众大溃，斩蹋顿及名王以下，胡、汉降者⑲二十余万口⑳。

张辽

三国时魏国雁门马邑人，曹魏著名将领，与乐进，于禁，张郃，徐晃并称曹魏的『五子良将』。

注释 ①兵无选锋曰北：语出自《孙子兵法·地形篇》。②袁尚、熙：指袁绍之子袁尚、袁熙。③上谷郡：古代郡名，战国燕置。东汉时期治所在沮阳（现在的河北怀来东南），该郡辖境相当现在的河北张家口、小五台山以东，赤城、北京市延庆县以西，以及内长城和昌平县以北的地区。④乌桓：古代族名。

亦作『乌丸』。属于东胡族一支。东胡在秦末时被匈奴击败后，部分迁乌桓山，因此而得名。汉武帝后，归附汉朝，迁到上谷、渔阳、右北平、辽西、辽东等郡。⑤无终：古代县名，秦朝时期开始设立。治所在现在的天津市蓟县境内。⑥田畴：东汉无终人，字子泰。喜好读书，擅长击剑。曹操北征乌桓时，他随军任司空户曹掾。⑦卢龙塞：古代关塞名，旧址在现在的河北喜峰口一带。⑧堑山堙谷：即开山填谷。⑨白檀：古代县名，西汉时期开始设置。旧城在现在的河北承德西。⑩平刚：马本作『刚平』，互乙，故改。汉朝时期是右北平郡郡治，旧址在现在的辽宁凌源西南。⑪鲜卑庭：指鲜卑人管辖地区。秦汉时期。其辖地在现在的东北西喇木伦河与洮儿河之间。⑫柳城：古县名，西汉置。旧址在今辽宁朝阳南。⑬蹋顿：东汉辽西郡乌桓族首领。⑭单于：指匈奴、鲜卑、乌桓等胡族对最高首领的称呼。⑮右北平：马本及唐本皆作『比之』，明显有误，今据史校改。⑯白狼山：又名白鹿山或布祜图山，地处今辽宁凌源东南。⑰卒：同『猝』；是指突然。⑱张辽：曹操的大将。雁门马邑（今山西朔县）人，字文远。先从吕布，后归曹操。作战英勇，屡有战功。官至征东将军，封晋阳侯。⑲胡、汉降者：马本作『降汉者』，唐本及王本、汪本皆作『胡降汉者』。都有错误，今据史载校改。⑳本篇史例出自《三国志·魏书·武帝纪第一》。

譯文 大凡与敌人作战，必须选拔勇将和精兵，编组而让其担任先锋。这样，一则能够壮大我军的斗志，再则可以挫杀敌人的威风。正如兵法所说：『用兵打仗没有勇将精兵担任先锋的话就可能会导致失败。』

东汉献帝建安十二年（207），袁绍之子袁尚和袁熙逃到上谷郡，招致乌桓兵多次进入边塞为害。曹操率兵征伐，同年夏季五月，部队进至无终。秋季七月时，洪水泛滥，沿海道路无法通行，随军司空户曹掾田畴请求担任向导，经过曹操同意，就率军出卢龙塞。塞外道路因为洪水隔绝不通，于是开山填谷五百余里，经白檀，历平刚，过鲜卑部落领地，向东直取柳城。当距离柳城二百里时，敌人才发现曹军已经到来。袁尚、袁熙与乌桓单于蹋顿以及辽西单于楼班、右北平单于能臣抵之等人，率领几万骑兵与曹军作战。八月，曹操率军登越白狼山的时候，突然与敌人相遇。敌军兵力众多，曹军因辎重留在了后面，披挂铠甲的不多，所以曹操周围的人都很害怕。曹操登高观察敌军情况，发现敌军阵势不整齐，于是就下令挥军出击，并派猛将张辽担任急先锋打头阵，结果是大败敌军，击斩蹋顿和其他著名首领以下许多人，收降胡、汉部众二十多万人。

步戰　凡步兵与车骑战者，必依丘陵、险阻、林木而战则胜。若遇平易①之道，须用拒马枪②为方阵，步兵在内。马军、步兵中分为驻队、战队。驻队守阵，战队出战；战队守阵，驻队出战。敌攻我一面，则我两哨出兵，从旁以掩之；敌攻我两面，我分兵从后以捣之；敌攻我四面，我为圆阵，分兵四出以奋击之。敌若败走，以骑兵追之，步兵随其后，乃必胜之方。法曰：『步兵与车骑战者，必依丘陵、险阻，如无险阻，令我士卒为行马、蒺藜。』[3]

《五代史》：晋将周德威[4]为卢龙节度使，恃勇不修边备，遂失榆关[5]之险。契丹[6]每刍牧于营、平[7]之间，陷新州[8]，德威复取不克，奔归幽州[9]。契丹围之二百日，城中危困。李嗣源[10]闻之，约李存审[11]步骑七万，会于易州[12]救之，乃自易州北行，逾大房岭[13]，循涧而东。嗣源与养子从珂将三千骑为先锋，进至山口，契丹以万骑遮其前，将士失色；嗣源以百骑先进，免胄扬鞭，胡语谓契丹：『汝无故犯我疆场，晋王[14]命我将百万骑众，直抵西楼[15]，灭汝种族。』因跃马奋挝，三入其阵，斩契丹酋长一人。后军齐进，契丹兵却，晋兵始得出。李存审命步兵伐木为鹿角阵[16]，人持一枝以成寨。契丹环寨而过，寨中发万弩齐射之，流矢蔽日，契丹人马死伤塞路。将至幽州，契丹列阵待之。存审命步兵阵于后，戒勿先动，令羸兵曳柴、燃草而进，烟尘蔽天，契丹莫测其多少；因鼓入战，存审乃趋后阵，起而乘之，契丹大败，席卷其众自北山口遁去，俘斩万计，遂解幽州之围[17]。

注釋 ①平易：马本及唐本作『平阳』，但与下篇《骑战》互相对照，还是以『平易』为好，因此从王本及汪本。②拒马枪：古代作战的时候所使用的一种能移动的障碍物，是以木材做成人字架，将枪头穿在横木上，使枪尖向外，设于要害处，主要用于防御骑兵突击，因此名为拒马枪。③『步兵与车骑战者』以下几句：语出自《六韬·犬韬·战步第六十》。但本篇是摘要引证，并不是全文。引文中提到的『行马』、『蒺藜』都是古代打仗中所使用的防御工具。④周德威：五代后唐前身晋的名将，官至节度使。918年在与后梁军打仗中阵亡。⑤榆关：也称『渝关』，指现在的山海关。⑥契丹：中国古族名以及政权名。⑦营、平：指营州、平州，前者治位于现在的辽宁朝阳，后者治位于现在的河北卢龙。⑧新州：治位于现在的河北涿鹿。⑨幽州：治蓟县，地处现在的北京城西南。⑩李嗣源：代北应州（今山西应县）人，沙陀族。本名为邈佶烈，后被李克用收为养子，赐姓名为李嗣源。曾经历任蕃汉内外马步军总管。后唐同光四年（926），庄宗李存勖在洛阳兵变中被人杀害，李嗣源乘乱进入洛阳称帝，即是明宗，改名曰亶，是五代后唐的第二个皇帝。⑪李存审：马本及诸本都误作『李存勖』，今据史载校改。李存审，后唐名将，本姓符，晋王李克用收其为养子，赐姓李。跟随李存勖击败后梁军，与大将周德威齐名，官至节度使。⑫易州：治易县，现属于河北。⑬大房岭：现北京市房山县西北的大房山。⑭晋王：即李存勖，沙陀族首领李克用之子。唐僖宗中和二年（882）后，李克用助唐镇压黄巢起义有功，被封为晋王。李克用于后梁开平二年（908）病死，李存勖即王位，龙德三年（923）称帝，是为庄宗，定都洛阳，国号大唐，历史被称作『后唐』。⑮西楼：契丹之都城，旧址在今辽宁巴林左旗之波罗和屯。⑯鹿角阵：指以形似鹿角的树枝设置的阵地，用以阻挡敌人前进。⑰本篇史例出自《旧五代史·唐书·庄宗本纪第二》，亦见《资治通鉴》卷270《后梁纪五·均王贞明三年》。

譯文 大凡以步兵对敌战车和骑兵作战时，必须依托丘陵、险隘或林木丛生的地形而战，才能取得胜利。如果遇到开阔无险的地形，必须使用拒马枪排列成方阵，把步兵置于阵内，再把骑、步兵分别编为驻队和战队交替作战。驻队守阵时，战队出战；战队守阵时，驻队出战。当敌人攻我方一面时，我就从两翼回击，侧袭进攻之敌；敌人攻我方两面时，我就分兵迂回敌后袭击敌军；敌人攻我军四面时，我就列成圆阵，分兵四面奋力阻击敌军。敌人如果败走，我军就马上使用骑兵追击敌人，而现在步兵随后跟进，这是步兵对敌车骑兵作战的必胜战法。正如兵法所说：『步兵与战车、骑兵作战时，必须依据丘陵、险要地形列阵，如果没有险要可资利用的话，就令我士卒制作行马、木蒺藜作为屏障。』

《旧五代史》记载：晋王李存勖的大将周德威出任卢龙节度使时，由于恃勇轻敌，放松边备，而失陷险要关隘榆关。导致契丹人南下放牧于营州与平州之间，并乘机攻占了新州，周德威率兵再一次夺取要地但还是没有攻克，最后败归幽州城。契丹兵乘胜追击，进围幽州长达二百天，迫使城中陷入困境。晋将李嗣源得此消息后，便约李存审等将率领步骑兵七万人在易州会师，准备援救困境中的周德威。他们从易州北出发，越过大房岭，沿着山涧向东前进。嗣源以及其养子从珂率三千骑兵为先锋，当进到山口之时，契丹用一万骑兵在前面拦截，晋军将士惊恐万分；李嗣源率领百名骑兵先行前进，他摘掉护首的头盔，高高地扬起马鞭，用契丹语怒斥敌人说：『你们没有原因地侵犯我国的疆土，晋王命令我率领百万骑兵，直捣你们西楼老巢，灭掉你们契丹这一种族！』说完，马上跃马奋起直击，三次冲入敌阵，杀掉一名契丹酋长。晋军后续部队乘势齐头并进，契丹兵向后败退，晋军这才能够越出山口向幽州进发。李存审命令步兵砍伐树木布置鹿角阵，每人手持一枝结成营寨。契丹兵绕寨而过时，寨中万箭齐发，箭矢遮天盖日，契丹军触箭而死伤的人马把道路堵塞了。当晋军马上进至幽州时，契丹部队又列好阵势等待他们。存审把步兵布置在敌军的背后，命令他们不能先动；又让一些老弱残兵拖着树枝，点燃柴草向前行进，这时烟尘漫空蔽日，导致契丹兵没有办法测知晋军究竟有多少。晋军乘机擂鼓交战，李存审急忙赶到敌军阵后，亲自率领事先部署在那里的步兵发起突袭，契丹军被打得落花流水，其首领席卷其余部队从北山口向北逃去。此战晋军俘斩契丹军数以万计，幽州之围被解除。

骑戰

凡骑兵与步兵战者，若遇山林、险阻、陂[1]泽之地，疾行急去，是必败之地，勿得与战。欲战者，须得平易之地，进退无碍，战则必胜。法曰：『易地则用骑。』[2]

《五代史》：唐庄宗[3]救赵[4]，与梁军[5]相拒于柏乡[6]五里，营于野河[7]北。晋兵少，梁将王景仁[8]所将兵虽多，而精锐者亦少。晋军望之色动。周德威勉其众曰：『此汴、宋佣贩[9]耳。』退而告之〔庄宗曰：『梁兵甚锐，未可与争，宜少退以待之。』〕庄宗曰：『吾提孤兵出千里，利在速战，今不乘势而急击之，使敌知我众寡，则计无所施矣。』德威曰：『不然，赵人皆能城守而不能野战；吾之取胜，利在骑兵，平原旷野，骑兵之所长也。今吾军于河上，迫近营门，非吾用长之地也。』庄宗不悦，退卧帐中，诸将无敢入见者。德威乃谓监军张承业[10]曰：『王怒老将。不速战者，非怯也。且吾兵少而临贼营门，所恃者一水隔耳。使梁得舟筏渡河，吾无类[11]矣。不如退军邑[12]，诱敌出营，扰而劳之，可以策胜也。』承业入言曰：『德威老将知兵，愿无忽其言。』庄宗遽起曰：『吾方思之尔。』已而，德威获梁游兵，问景仁何为？曰：『治舟数百，将以为浮梁。』德威乃与俱见。庄宗笑曰：『果如公所料。』『乃退军邑。德威乃遣骑三百扣梁营挑战，自以劲兵三千继之。景仁怒，悉以其军出，与德威转斗数十里，至于南，两军皆阵。梁军横亘六、七里。庄宗策马登高望而喜曰：『平原浅草，可前可却，真吾制胜之地也。』乃使人告德威曰：『吾当为公〔先，公可继进。〕』德威谏曰：『梁军轻出而远来，与吾转战，其来既速，必不暇赍粮糗[13]；纵其能赍，有不暇食，不及日午，人马饥渴，其军必退。退而击之，必获胜焉。』至申[14]时，梁军中尘起，德威鼓噪而进，梁军大败[15]。

注释

①陂：是指山坡。②易地则用骑：语出自《通典·兵十二》引李靖语；但这里是指摘要引证。③唐庄宗：就是指五代后唐皇帝李存勖。他率领军兵救赵是在后梁开

平四年（910），这时还没有称帝，仍然为晋王。④赵：五代初期河北的割据势力之一，由成德节度使王镕为赵王，据守镇州（治今河北正定），初事后梁朱温，后事晋王李克用父子。⑤梁军：是指后梁朱温的军队。⑥柏乡：现属河北。⑦野河：就是指槐河的别名。源于现在的河北赞皇县西南的赞皇山。⑧王景仁：后梁合肥（现在属于安徽）人，初从吴王杨行密起兵于淮南，后归后梁，官至淮南招讨使。为将骁勇剽悍。⑨汴、宋佣贩：汴、宋，即汴州（治今河南开封）、宋州（治今河南商丘）。佣贩，是指雇佣来的商贩，马本及唐本、汪本都误作『佣败』，今据史载校改；王本作『佣奴』似亦通。⑩张承业：唐僖宗时宦官，本姓康，是内常侍张泰养子，后改姓张。唐昭宗时被派到晋王李克用处任河东监军，克用病亡后，仍是李存勖的监军。⑪无类：是指无遗类，即无一幸免之意。⑫鄗邑：古代县名，汉朝时期开始设置。旧址在现在的河北柏乡之北。⑬糗：炒熟的米麦等食物，即干粮。⑭申：旧历十二时辰之一，是指十五时至十七时。⑮本篇史例出自《新五代史·唐书·周德威传》。

譯文 凡是骑兵对步兵作战时，如果遇到山林险隘和沼泽水网的地形，就要快速地离开此地。因为这是对骑兵作战不利而易败的不利地形，不可在这样的地域对敌交战。如要对敌交战，必须选择开阔平坦的地域，这样才可以进退自如，战无不胜。诚如兵法所说：『在开阔平坦的地域作战，就要使用骑兵部队。』

《新五代史》记载：晋王李存勖率领军兵援救赵王王镕，与后梁军对峙于距离柏乡五里的地方，扎营于野河的北面。当时，晋军兵少，而梁将王景仁所率领的军兵虽然很多，但精锐部队却不多。晋军看到对方兵多，就有些惊慌失色，晋将周德威针对这样的情境而勉励部队说：『梁军这些人不过是从汴宋地区临时雇佣过来的乌合之众（很容易被打败）！』但德威回到帐中向晋王报告时却说：『梁军都是精锐部队，不可马上与之对战，应当向后撤退以等待有利的时机。』晋下说：『我率孤军千里而来，速战速决很有利。如今如果不乘势迅速进攻的话，一旦让敌人摸清我军的真实实力情况，我们就无计可施了。』德威反驳说：『事情并不是这样的。赵王的军队善于守城而不善于野战（梁军在短时间内破城很困难）。我军赖以取胜的有利条件是骑兵，只有在平原旷野的地域作战，才能发挥快速机动、猛烈突击的优点。现在我军扎营在河边，临近敌人的营门，这不是便于发挥我军优点的地方啊！』普王听后很不高兴，回到帐中便卧床休息了。众将见此情形，没有一人敢入帐请求进见。周德威没有办法，只好对监军张承业说：『晋王生我气了。我不主张速战速决，并不是因为我害怕敌人，主要是考虑到我军兵少而又临近敌人营门，所依靠的仅仅一水之隔罢了。假使梁军得到船筏渡河过来，我们就将无一幸免于难了。如果这样，不如退兵到鄗邑，来引诱敌人脱离营垒，骚扰他们让其疲惫不堪，然后就可以用计战胜他们了。』承业听完，马上见晋王说：『德威是一员老将，非常懂得用兵打仗的计谋。希望您不要忽略他的主张和建议。』晋王听后突然坐起来说：『我正考虑这个问题呢。』不久，德威抓到了后梁的巡哨兵，问他王景仁现今在做什么？他回答说：『已造船几百艘，将用来搭设浮桥渡河。』德威于是就和梁军士兵一起去见晋王。晋王笑着说：『果然和你所想到的一样。』随后下令退军到鄗邑。（交战之时）清晨周德威派出三百骑兵到梁营去挑战，他自己亲自率领三千精兵随后跟进。梁将王景仁见此非常愤怒，就下令让全部梁军出击，同周德威部转战几十里，进至鄗邑之南，双方都列阵等待决战。梁军依靠兵多，横排列阵六七里之长。这时，晋王策马登上高处观察敌阵，非常高兴地说：『此地平原草矮，既方便于前进，又方便于后退，真是我们战胜敌人的一个好地方。』于是派人告诉德威说：『我当你的先锋，你可以随后跟进。』德威劝阻说：『梁军轻装远来和我辗转交战，既然他们来得这么快，一定是来不及携带干粮，即使能带干粮，也没有时间吃。这样，等不到中午，他们就会人饥马乏，军队也一定会退却。乘其退却之时来攻击他们，一定就能获得胜利。』到了午后四、五点时分左右，梁军阵地果因人马后退而烟尘大起，德威乘机擂鼓呐喊，发起了猛烈地攻击，结果后梁军大败。

舟戰

凡与敌战于江湖之间，必有舟楫①，须居上风、上流。上风者，顺风，用火以焚之；上流者，随势，使战舰以冲之，则战无不胜。法曰：『欲战者，无迎水流。』②

春秋，吴子③伐楚。楚令尹④卜战，不吉。司马子鱼⑤曰：『我得上流，何故不吉？』遂战，吴师败绩。⑥

注釋 ①舟楫：船只之意。楫，是指划船的桨。②欲战者，无迎水流：语出自《孙子兵法·行军篇》，但这里是指摘要引录。③吴子：这里指春秋时吴国公子光，亦即后来指使专诸将吴王僚刺杀而自立为君的吴王阖闾。④令尹：职官名。春秋战国时期楚国所设立，是楚国的最高行政长官。这里具体指的是阳匄，就是指楚穆王曾孙子瑕。⑤司马子鱼：司马，官名，西周时期开始设置，主管军政和军赋。春秋、战国时仍沿用没变。子鱼，就是楚公子鲂。⑥本篇史例来自《左传·昭公十七年》，又见《史记·吴太伯世家第一》。

譯文 大凡与敌人交战在江河湖泊之上，一定要准备舰船，而且必须占据上风头和上游处。因为，居于上风头的话，可以借助顺风之势，用火来烧毁敌船；居于上游处的话，可以顺着水流之势，用战船冲击敌船。这样就能每战必胜。正如兵法所说：『要与敌人进行水上作战，就不要逆流迎敌。』

春秋时期，吴国公子光率领军对攻打楚国，（双方在夹江处的长岸相持）。楚国令尹阳匄占卜战争胜败，结果显示出不吉利的预兆。但司马子鱼却说：『我们地处上游，为什么会不祥？』于是，率军乘流冲击吴军，结果打败了吴军，（并缴获一艘名为『馀皇』的大船）。

車戰 凡与步、骑战于平原旷野，必须用偏箱、鹿角车①为方阵，以战则胜。所谓一则治力，一则前拒，一则整束部伍也。法曰：『广地则用军车。』②

晋凉州③刺史杨欣失羌戎④之和，为虏所没。河西断绝，帝⑤每有西顾之忧，临朝而叹曰：『谁能为我通凉州讨此虏者乎？』朝臣莫对。司马督马隆⑥进曰：『陛下若能任臣，臣能平之。』帝曰：『若能灭贼，何为不任，顾卿方略如何耳！』隆曰：『陛下若能任臣，当听臣自任。』帝曰：『云何？』对曰⑦：『臣请募勇士三千人，无问所从来，率之鼓行而西，禀陛下威德，丑类何足灭者！』帝许之，乃以隆为武威太守。隆募〔限〕腰开弩三十六钧⑧，立标拣式，自旦至日中，得三千五百人。隆曰：『足矣。』隆于是率其众西渡温水⑨，虏木机能⑩等以众万骑，或乘险以遏隆前，或设伏以截隆后。隆依八阵图⑪作偏箱车，地广用鹿角车，路狭则为木屋⑫施于车上，且战且前，弓矢所及，应弦而倒。转战千里，杀伤以千数。隆到武威，虏大人猝跋韩、且万能⑬等率万金众归，隆前后诛杀及降附者数万。又率善戎没骨能⑭等与木机能等战，斩之，凉州遂平⑮。

注释　①偏箱、鹿角车：都是中国古代的作战兵车。偏箱车的车箱是由木板制成的，置放于兵器之上。打仗时，车与车相连，前后相接，连成一个方阵，可用于平原旷野上来作战。鹿角车就是用削尖的树枝插在偏箱车的前后，用以防止敌接近。②广地则用军车：语出自《唐太宗李卫公问对》卷上，但与原文略有差异，原文是『地广则用鹿角车营』。③凉州：治所在现在的甘肃武威。④羌戎：古代族名。羌族主要分布在现在的甘肃、青海、四川一带。戎，旧时指中原人对西北少数民族的通称。⑤帝：指西晋武帝司马炎。⑥马隆：西晋时期的名将。平陆（今山东汶上北）人，字孝兴。少有智勇。晋武帝时期，任东羌校尉，封奉高县侯。⑦对曰：马本及唐本、王本都没有记载，今从汪本补。⑧钧：中国古代重量单位之一。一钧是三十斤。⑨温水：是指武威东之温围水。⑩木机能：羌族的一个部落首领。史载原记载为『树机能』，《百战奇略》原作者因避讳宋英宗嫌名（曙）而援引时改『树』为『木』。⑪八阵图：中国古代作战的一种阵法。⑫木屋：是指用木料制成，四面开孔，置于车上，既便于对敌情进行观察，又可防备被矢石击伤。⑬猝跋韩、且万能：都是羌族的部落首领，但《资治通鉴》卷八十《晋纪二》称他为鲜卑人。⑭没骨能：羌族的部落首领之一。⑮本篇史例出自《晋书·马隆传》。

譯文 大凡车兵同步、骑兵在平原旷野之上交战时，必须用偏箱、鹿角车组成一个方阵，依靠此方阵对敌作战时，就能取得战争的胜利。以偏箱、鹿角车组成方阵作战的作用就是通常所说的：一能保持战斗力不衰竭，二能正面与敌人对抗，三能维系队形阵列整齐。诚如兵法所说：『在开阔的地域与敌作战，就要使用战车部队。』

西晋时期，凉州刺史杨欣因为与羌族关系不和睦，后被羌人所杀，导致河西地区与中原朝廷断绝了联系。晋武帝司马炎常常为西部边境安全而忧虑，每次临朝议政时都叹息说：『谁能为我打开通往凉州的路，去讨伐羌敌呢？』朝臣没有人回答。只有司马督马隆上前奏道：『陛下如果能任用我的话，我就能讨伐凉州的叛乱。』晋武帝说：『你如果能消灭羌敌，我怎么能不任用你呢？只是不知你将要采取什么样的办法？』马隆说：『陛下如能任用我，就应当听任臣下的自己的主张。』武帝问道：『那请讲讲你要采用的是什么办法？』马隆回答说：『我请求陛下允许我招募三千勇士，但不要过问他们以前曾经是干什么的，我将率领他们大张旗鼓地向河西地区进军。依靠陛下的崇高威德，此敌何愁不能消灭？』晋武帝答应了马隆的请求，并任用他为武威太守。马隆受命后，马上招募勇士，其条件是，能靠腰部力量拉开三十六钧强弩的人，并且当场进行立靶测试。从清晨到中午，一共招到这样的勇士三千五百余人。马隆自信地说：『这足够用了。』于是，亲自率领其所招募的勇士向西进发，渡过温水后与敌人相遇。羌族一部落首领树机能等以万金骑兵，或者凭据险要阻挡，马隆前进，或者埋设伏兵截击晋军的后路。针对这样的情形，马隆依据古法八阵图制作了偏箱车，进入开阔的地域时，就设置鹿角车营，遇到狭窄的地段，就做木屋装在车上，一边战斗一边前进，晋军箭矢所射之处，羌兵纷纷应弦倒下。晋军转战千里之遥，杀伤敌众好几千。马隆率兵到达武威后，羌族部落首领猝跋韩、且万能等人率众万余不战而降，马隆前后击杀和收降的羌兵达到了数万人。以后，马隆又率领羌族归顺的部落首领没骨能等众，大战树机能，并将其击斩，凉州叛乱完全被他平定。

信戰

凡与敌战，士卒蹈万死一生之地，而无悔惧之心者，皆信令使

然也。上好信以任诚，则下用情而无疑，故战无不胜。法曰：『信则不欺。』[①]

三国魏明帝[②]自征蜀，归长安[③]，遣司马懿[④]督张郃[⑤]诸军，雍、凉劲卒三十万[⑥]，潜军密进，窥向剑阁[⑦]。蜀相诸葛亮时在祁山，旌旗利器，守在险要，十二更下[⑧]，在[⑨]者八万。时魏军始阵，幡兵[⑩]适交，参佐咸[⑪]以贼众强盛，非力不制[⑫]，宜权停下兵一月，以并声势。亮曰：『吾统武行师，以大信为本，得原失信[⑬]，古人所惜；去者束装以待期，妻子鹄立[⑭]而计日，虽临征难，义所不废。』皆催令去。于是，去者皆悦，愿留一战；住者奋勇，思致死命。相谓曰：『诸葛公之恩，死犹未报也。』临战之日，莫不拔剑争先，以一当十，杀张郃，却司马懿，一战大克，信之由也[⑮]。

注释

①信则不欺：语出自《六韬·龙韬·论将第十九》。②魏明帝：是指魏国皇帝曹睿，魏文帝曹丕的儿子。③长安：古代都城，汉惠帝时建造。旧址在今陕西西安西北。④司马懿：三国时期魏的名将。河内温县（现在属于河南）人，字仲达。初为曹操主簿。魏明帝时，官至大将军，多次率领军队对抗诸葛亮，由于功绩卓越被封为宣王。后其孙司马炎代魏称帝，建立了晋朝，追尊司马懿为晋宣帝。⑤张郃：三国河间义县（现在的河北任丘北）人，字俊乂。初随韩馥镇压黄巾起义，韩馥失败后，郃以兵归附袁绍；官渡之战后归附于曹操，官至左将军。⑥三十万：马本及诸本都误写作『二十万』，今据

史载校改。⑦剑阁：关隘名。地处今四川剑阁县北，所处之剑门关，地势险要，有『一夫当关，万夫莫开』的称号。⑧十二更下：是指十分之二的人换防休息。⑨在：马本及诸本都无记载，今据史载补正。⑩幡兵：马本及诸本都写作『代兵』，不太符合原意，今据史载校改。幡，同『旛』，旌旗之意；幡兵，是指正在换防的部队，因不同的部队有不同的旗号，因此部队换防，所持旗号也随之变化。⑪参佐咸：马本及唐本都误写作『秦佐成』，今从王本及汪本。⑫非力不制：马本及诸本都误写作『非力所制』，一字之差，其意义完全不同。今据史载校改。⑬得原失信：典出自《左传·僖公二十五年》：前635年冬天，晋文公率领军兵围攻原国，预期三天攻下，但是到期还没有攻克，晋文公就下令退兵。⑭鹄立：鹄脖子长，所以能远望，用来比喻引领切盼之意。⑮本篇史例出自《三国志·蜀书·诸葛亮传》裴松之注引『郭冲五事』。

譯文　大凡对敌作战时，士卒们踏上万死一生的战场，而毫无后悔畏惧之心的，都是由于受到了将帅平时真诚不欺的思想品格的感化，所以他们愿意这样做。如果将帅讲求信义以诚待人，那么士卒就会尽心用力地作战而毫无犹豫之意。所以，打起仗来就可以战无不胜。诚如兵法所说：『为将帅者应当具备诚信而不欺诈的思想品德。』

三国时期，魏明帝曹睿准备征讨蜀国，他亲自从洛阳赶来到长安，派遣宣王司马懿督统左将军张郃所部及雍、凉二州等精兵三十万人，暗中进发，窥向蜀地剑阁。蜀国丞相诸葛亮当时驻扎在祁山，他用精良武器装备扼守险要之处，部队大概有十分之二的人换防离去，留在战场的将士只有八万人。魏军开始布阵列队之时，正是蜀军换防交接的过程，诸葛亮的参谋都认为敌军强盛，没有足够的兵力战胜不了对方，因此他们都纷纷建议把换下来的部队暂留一月，以便壮大蜀军声势。但诸葛亮却说：『我领兵打仗，一向以信义为根本，那种「得原失信」的作法是为古人所不取的。现在，该去换防的士卒已经迅速打点好行装等待归期，他们的妻子逐日计算着丈夫归来的日子。所以，目前我们虽然面临战争的困难，但恪守信义的原则不可放弃。』说完，便下令催促换防下来的士卒尽快启程返乡。于是，该走的都很高兴，愿意留下的继续参加战斗；该留的则斗志昂扬，决心背水一战。他们互相勉励说：『诸葛丞相对我们的恩惠，我们即使拼上性命也报答不完！』到了交战那天，蜀军都拔剑争先恐后地准备冲锋陷阵，以一当十，击杀了魏将张郃，打退了主帅司马懿。蜀军一战而大获全胜，这正是诸葛亮以信义为治军根本所取得的成效。

教戰 凡欲①兴师，必先教战。三军②之士，素习离、合、聚、散之法，备谙③坐、作、进、退之令，使之遇敌，视旌麾④以应变，听金鼓而进退。如此，则战无不胜。法曰：『以不教民战，是谓弃之。』⑤

战国时，魏将吴起⑥曰：『夫人常死其所不能，败其所不便。故用兵之法，教戒为先。一人学战，教成十人；十人学战，教成百人；百人学战，教成千人；千人学战，教成万人；万人学战，教成三军。以近待远，以佚待劳，以

饱待饥。圆而方之，坐而起之⑦，行而止之，左而右之，前而后之，分而合之，结而解之。每变教习，乃授其兵，是为将事。』⑧

注释

①欲：马本及唐本、王本都误写作『与』，今从汪本。②三军：春秋时期，大国多设立三军，例如晋设上、中、下三军，把中军之将作为三军的统帅。楚则设立左、中、右三军。本篇所说的『三军』就是对全军的统称。③语：熟记，熟悉之意。④旌麾：语是指古时用羽毛装饰的军旗，主将用以指挥军队打仗。⑤以不教民战，是谓弃之：语出自《论语·子路第十三》。⑥吴起：战国初期著名的军事家。著有《吴子》流传于后世。⑦坐而起之：马本及唐本、汪本都作『坐而进之』，与《吴子》原义不符，今从王本。⑧本篇史例出自《吴子·治兵第三》。

译文

大凡要兴兵打仗，必须首先让部队学会怎样进行作战。全军将士只有经过平时的严格训练，全面掌握疏开、收拢、集结、分散的作战方法，完全熟悉停止、行动、前进、后退的作战口号，那么使用训练有素的部队对敌作战时，他们在看到指挥旗帜的不同挥动而能应变自如，听见鸣金击鼓的不同声音而能进退得当。这样就能战无不胜。诚如兵法所说：『使用未经训练的军兵去作战，就意味着白白剥夺他们的生命。』

战国时期，魏国将领吴起说：『将士由于没有打仗的本领而经常战死，由于缺乏灵活的战术而失败。所以，用兵的法则是以教育训练为先决条件。一人学会打仗，就可以教会十人；十人学会打仗，就可以教会百人；百人学会打仗，就可以教会千人；千人学会打仗，就可以教会万人；万人学会打仗，就可以教会全军。作战训练要教会部队运用以近待远，以逸待劳，以饱待饥；阵法与战术训练要教会军兵懂得怎样由圆阵变方阵，由跪姿变立姿，由前进变停止，由向左转向右，由向前转向后，由分散变收拢，由集结变疏开。各种阵法、战法以及战术变化都要在进行认真的训练之后，才可以给部队配发兵器。这就是为将帅者的重要职责。』

第二卷

众戰

凡战，若我众敌寡，不可战于险阻之间，须要平易宽广之地。闻鼓则进[①]，闻金则止，无有不胜。法曰：『用众进止。』[②]

晋太元[③]时，秦苻坚[④]进屯寿阳[⑤]，列阵淝水[⑥]，与晋将谢元[⑦]相拒。元使谓苻坚[⑧]曰：『君远涉吾境，而临水为阵，是不欲速战。请君少却，令将士得周旋，仆与诸君缓辔而观之，不亦乐乎！』坚众皆曰：『宜阻淝水，莫令得上。我众彼寡，势必万全。』坚曰：『但却军，令得过[⑨]，而我以铁骑数十万[⑩]向水，逼而杀之。』融亦以为然。遂麾兵却，众因乱而不能止。于是，元与谢琰[⑪]、桓伊[⑫]等，以精锐八千渡淝水，石军[⑬]拒张蚝[⑭]，小退。元、琰仍进兵大战淝水南，坚众大溃。[⑮]

注釋

①闻鼓则进：王本及汪本都记载作『闻鼓则战』。②用众进止：出自《司马法·用众第五》。③晋太元：马本及诸本皆对『太』没有记载，今据史补。太元是东晋孝武帝的年号。秦音淝水之战就是发生在太元八年（383）。④苻坚：十六国时期的前秦皇帝。氏族，略阳临渭（现在属于甘肃秦安东南）人。在淝水打仗失败后，被羌族首领姚苌所擒杀。⑤寿阳：现在的安徽寿县。⑥淝水：现在今安徽合肥境内。⑦谢元：史载本记载作『谢玄』，因为《百战奇略》原作者为了避宋太祖赵匡胤始祖名讳（『玄朗』之『玄』）而援引时将『玄』改为『元』。谢玄是东晋名将，是宰相谢安的侄子。曾经受命组织北

府兵去抵御前秦。淝水之战过后，他率领军队收复了徐、兖、青、豫等州的大片土地。⑧苻坚：马本及诸本都误记载作『苻融』，今据史载校改。⑨但却军，令得过：马本及诸本都记载作『但却，无令得过』，很明显与原文意思相悖，因此据史校改。⑩数十万：马本及诸本都误记载作『数万』，今据史校改。⑪谢琰：东晋宰相谢安的儿子，淝水之战时被任为辅国将军。⑫桓伊：东晋谯国銍县（现安徽宿县西）人，字叔夏。初任淮南太守，后迁豫州刺史。淝水之战后，因为有功而升任江州、荆州十郡、豫州四郡都督。⑬石军：是指谢安之弟谢石所率之军。⑭张蚝：马本及诸本都误作『张耗』，今据史校改。⑮本篇史例出自《晋书·谢玄传》。

譯文

大凡作战，在兵力对比方面，如果我众敌寡时，不可与敌军在险狭之地交战，一定要选择平坦开阔的地域作战场，以便部队一听到鼓声就前进，一听到锣声就收兵。这样，对敌作战就一定能胜利。诚如兵法所说：『指挥大部队作战，可进就进，不可进就停。』

东晋孝武帝太元八年（383），前秦皇帝苻坚率领大军进至寿阳，并在临淝水一岸而摆好阵势，同晋将谢玄隔水对峙。谢玄派人对苻坚说：『你率军长途跋涉深入我境，却临水列阵，这分明是不想同我速战速决。你们要能稍微后退，让我军渡过淝水，使双方将士能够从容周旋地交战，我与诸君骑马慢行而观战，不也是件好事吗？』苻坚的部将都说：『应当依靠淝水阻截晋军，不让其渡河冲上岸来。我军兵多，对方兵少，只有这样才是万全必胜的策略。』苻坚不以为然地说：『只管退军，让他们渡河，（乘其渡河之中），我们以数十万骑兵逼向河中而歼灭他们。』苻融（坚之弟）也支持苻坚的做法。于是，苻坚下令让秦军后撤。不料部队因变动而大乱，竟一退不能停止下来。晋将谢玄与谢琰、桓伊等人率领精兵八千顺利地渡过了淝水。晋军都督谢石率部进攻秦军张蚝所部，不利稍退，而谢玄和谢琰依然挥军奋击，与敌军激战于淝水之南，苻坚部队惨遭失败。

寡戰 凡战，若以寡敌众，必以日暮，或伏于深草，或邀于隘路，战则必胜。法曰：『用少者务隘。』①

《北史》：西魏大统三年，东魏将高欢②渡河③，逼华州④，刺史王罴⑤严守，乃涉洛，军于许原⑥西。西魏遣将宇文泰⑦拒之。泰至渭南，集诸州兵，未会⑧。诸将以众寡不敌，请且待欢更西以观之。泰曰：『欢若至咸阳⑨，人皆转播扰。今其新至，可击之。』即造浮桥于渭南，军士赍三日粮，轻骑渡渭，辎重自渭南夹渭而西。十月壬辰⑩，至沙苑⑪，距齐军六十余里。高欢率兵来会。候骑告齐兵至，泰召诸将议。李弼⑫曰：『彼众我寡，不可平地置阵⑬。此东十里，有渭曲⑭，可〔先〕据以待之。』遂进至渭曲，背水东西为阵，李弼为右拒，赵贵⑮为左拒。命将士皆偃戈于葭芦之中，闻鼓声而起。日晡⑯，齐军至，望见军少，争进，卒乱而不成列。兵将交，泰鸣鼓，士卒皆起。于谨[17]等以大军与之合战，李弼等率铁骑横击之，绝其军为二，遂大破之[18]。』

注释

①用少者务隘：语出自《吴子·应变第五》。②高欢：又名贺六浑。世居怀朔镇（今内蒙古包头东北），是鲜卑化的汉人。初参加杜洛周起义军，后又归葛荣，后来叛降了尔朱荣。荣死后，他凭借鲜卑的武力，联络了山东的士族势力，拥立北魏孝武帝。永熙三年（534），他迫使孝武帝向西逃往长安，别立元善见（孝文帝曾孙）为皇帝（孝静帝），迁都于邺城，是为东魏。到此北魏就分裂为东、西魏。高欢在魏执政十六年，死后，其子高洋代东魏称帝，改国号为齐，即历史上的『北齐』，追尊欢为神武帝。③河：古代专指黄河。南北朝以前，称为『河』或者『河水』，隋唐以后被称为『黄河』。④华州：治所在今陕西大荔县。⑤王罴：马本及诸本都误作『王霸』，今据史校改。⑥许原：旧址在今陕西大荔西北五十里。⑦宇文泰：又名黑獭，鲜卑族，代郡武川（现属内蒙古）人。曾经参加鲜于修礼起义军，继归葛荣，后归降尔朱荣。北魏孝武帝被高欢所逼迫西奔长安，他拥帝与高欢相抗衡，为大丞相，执掌西魏的朝政。死后，其子宇文觉代魏称帝，改国号为周，即历史上的『北周』，追尊泰为文帝。⑧未会：马本及诸本都误写作『来会』，今据史校改。⑨咸阳：治所在现在的陕西泾阳。⑩十月壬辰：是指西魏大统三年（537）的十月初一。⑪沙苑：旧址在今陕西大荔南。⑫李弼：北周襄平（今辽宁辽阳）人。北魏永安初，从尔朱天光西讨，因为有功而被拜为征虏将

军，后隶侯莫陈悦为大都督。西魏文帝时，他归附了文帝，官至太师，被封为赵国公。⑬不可平地置阵：马本及诸本都误作『不可争也，宜置阵』，今据史校改。⑭渭曲：是指渭水之一弯曲处。⑮赵贵：北魏孝明帝时，任镇北将平。西魏时，宇文泰任其为大都督。北周闵帝时期，被封为楚国公。⑯日晡：是指午后申时，也即十五至十七时。⑰于谨：北周洛阳（现属河南）人，字思敬，小名巨弥。北魏永熙三年（534），他向宇文泰献都关中之计策，为泰所赏识，就被任为大丞相府长史。大统元年（535），任骠骑大将军，开府仪同三司。宇文觉代西魏称帝后，封于谨为燕国公。⑱本篇史例出自《北史·周太祖本纪》。

译文

大凡作战，如果是敌众我寡，一定要选在日落黄昏时分，或者在草木深处暗设伏兵，或者在隘口险路截击敌人，这样作战一定能取胜。正如兵法所说：『使用小部队对敌作战时，一定要选择险隘的地理形势。』

《北史》记载：西魏大统三年（537），东魏将领高欢率领军队西渡黄河后，直逼西魏华州，由于华州刺史王罴防守严密难以攻克，所以不得不转兵渡过洛水，而驻扎在许原之西。西魏大丞相宇文泰奉命率领军队抗击高欢军。宇文泰进至渭水之南，所征诸州之兵还没有会齐，诸将以敌众已寡为由，请求暂时等待高欢继续西进而观察形势再作以决策。宇文泰则反驳说：『高欢如果进至咸阳，民心就会动荡不安。现在乘其刚到立足未稳之时，正好可以攻击它。』于是，马上造浮桥于渭水之上，命令部队携带三天的口粮，以轻装骑兵迅速地渡过渭水，而以运输部队从渭水南岸沿河向西运动。十月初一，宇文泰率领军队进到沙苑，距离高欢军仅有六十余里。高欢闻讯马上率领军队赶来。骑兵侦察员报告说高欢军马上要到来，宇文泰马上召集众将商议对策。骠骑大将军李弼说：『因为敌众我寡，我们不可以在平坦开阔之地设阵与敌人交战。从这里向东十里，有渭水一拐弯处，可以抢先占领该地来等待敌军。』宇文泰就率领军队进至那里，且背靠渭水从东向西列阵，以李弼所部为右翼，以赵贵所部为左翼，命令士兵都把武器放倒在芦苇之中，一听到鼓声就立即奋起反击。黄昏时分，高欢率领军队到达这里，看到西魏军队争相前进，导致战斗队形混乱。当两军马上交战之际，宇文泰突然擂响战鼓，其部众闻声都突然奋起出击。骠骑大将军于谨等将率主力直扑高欢军正面，李弼、赵贵率部从左、右两翼同时出击，将敌军分割为两段，用正面突击与两翼横击相结合的战术，一举将高欢军打败。

愛戰

凡与敌战，士卒宁进死，而不肯退生者，皆将恩惠使然也。三军知在上之人爱我如子之至，则我之爱上也如父之极。故陷危亡之地，而无不愿死以报上之德。法曰：『视民如爱子，故可与之俱死。』①

战国②魏将吴起为西河守，与士卒最下者同衣食。卧不设席，行不乘骑，亲裹赢粮③，与士卒分劳苦。卒有病疽者，起为吮之。卒母闻而哭之。或曰：『子，卒也，而将军自吮其疽，何哭也？』母曰：『非然也。往年吴公吮其父，

西门豹

战国时期魏国人。魏文侯时任邺令，是著名的政治家、军事家、水利家，曾立下赫赫战功。同时，他也是一位无神论者。

其父战不旋踵④，遂死于敌。吴公今又吮其子，妾不知其死所矣。是以哭之。』文侯⑤以吴起用兵廉平，得士卒心，使守西河⑥，与诸侯⑦大战七十六，全胜六十四⑧。

注释 ①视民如爱子，故可与之俱死：语出自《孙子兵法·地形篇》。但『民』字原是写作『卒』。②战国：马本及诸本都误写作『春秋』，今据史校改。③赢粮：赢，通『盈』；赢粮，即装满粮食。④旋踵：旋转脚跟，引申为转身后退的意思。⑤文侯：是指战国时期魏国建立者魏文侯，名斯。他任用李悝为相，任用吴起为将，任用西门豹为邺令，发展生产，实行改革，兴修水利，奖励耕战，使魏国成为当时强国。⑥西河：郡名。战国魏置。辖境现在的陕西东部的黄河西岸地区。⑦诸侯：西周、春秋时期分封的各国国君。在其封疆范围之内，世世代代掌握统治大权，形成各自为政的很多诸侯国。⑧本篇史例出自《史记·孙子吴起列传》。

譯文 大凡对敌人作战，士卒之所以宁肯前进而死而不愿后退而生的，都是因为将帅平时对他们施以恩惠和爱护的结果。全军士卒也深知将帅爱护他们如同爱自己的儿子那样无微不至，所以他们热爱将帅也会像热爱自己的父亲那样恭敬虔诚。因此，作战中尽管陷入困难的境地，却都愿意以拼死奋战来报答将帅恩德的。诚如兵法所说：『将帅对待士卒如同对待自己的爱子，士卒可以同将帅在危难中生死与共。』

战国时期，魏国的将领吴起出任西河太守时，他能和最下层的士卒们穿着同样的衣服、吃同样的饭菜；睡觉时不铺软席，行军时也不乘车骑马；亲自打包携带军粮，替士卒分担劳苦。有一个士卒长了脓疮，吴起为他吮吸脓汁。这个士卒的母亲听到这个消息后就感动得哭了起来。有人问她：『你儿子只是个士卒，而将军亲口为他吮吸脓疮，你有什么好哭的呢？』她回答说：『不是这样的。往年吴公曾经为他父亲吮吸脓疮，他父亲因此在作战中勇往直前而不后退，结果就战死在沙场。如今吴公又为其子吮吸脓疮，我不知道他又会战死在什么哪里。因此，我是在为这哭泣。』魏文侯鉴于吴起善于用兵，廉洁公正，深得士卒拥护，就委派他为将镇守西河地区。在此期间，他先后同诸侯大战七十六次，而大获全胜的作战有六十四多次。

威戰 **凡与敌战，士卒前进而不敢退后，是畏我而不畏敌也。若敢退而不敢进者，是畏敌而不畏我也。将使士卒赴汤蹈火而不违者，是威严使然也。**法曰：『威克厥爱允济。』[①]春秋齐景公时，晋伐阿、鄄[②]，而燕侵河上[③]，齐师败绩。〔景公患之〕。晏婴乃荐田穰苴[4]，曰：『穰苴虽田氏庶孽[5]，然其人文能附众，武能威敌，愿君试之。』景公乃召穰苴，与语兵事，大悦之，以为将军，将兵扞燕、晋之师。穰苴曰：『臣素卑贱，君擢之闾伍之中，加之大夫之上，士卒未附，百姓不亲，人微权轻，愿得君之宠臣，国之所尊，以监军，乃可。』于是，景公许之，使庄贾[6]往。穰苴既辞，与庄贾约：『旦日日中会军门。』穰苴先驰至军中，立表下漏[7]待贾。贾素骄贵，以为将已之军而已为监，不甚急，亲戚左右送之，留饮。日中而贾不至。穰苴则仆表决漏，入，行军勒兵，申明约束。〔约束〕既定，夕时，贾乃至。穰苴曰：『何为后期？』贾对曰：『不佞[8]，大夫亲戚送之，故留。』穰苴曰：『将受命之日则忘其家，临阵约束则忘其亲，援枹鼓[9]之急则忘其身。今敌国深侵，邦内骚动，士卒暴露于境，君寝不安席，食不甘味，百姓之命皆垂于君，何谓相送乎？』召军正[10]问曰：『军法期而后至者云何？』对曰：『当斩。』贾惧，使人驰报景公，请救。既往，未及返，于是遂斩庄贾以徇三军。三军皆震栗。久之，景公遣使持节[11]救贾，驰入军中。穰苴曰：『将在军，君命有所不受。』问军正曰：『军中不驰，今使者云何？』对曰：『当斩。』使者大惧。穰苴曰：『君之使不可杀之。』乃杀其仆、车之左驸[12]、马之左骖[13]，以徇三军。遣使者还报，然后行事。士卒次舍[14]、井灶、饮食、问疾、医药，身自拊循[15]之。悉取将军之资粮，以享士卒，〔身与士卒〕平分粮食，最比⑯其羸弱者。三日而后勒兵。病者皆求行，争奋出为之赴战。晋师闻之，〔为罢去；燕师闻之〕，渡河而解。于是，穰苴乃率众追击之，遂取所亡邦内故境，率兵而归⑰。

注释

①威克厥爱允济：语出自《尚书·胤政篇》。②鄄：史载原作『甄』，《百战奇略》原作者援引时由于避讳宋仁宗嫌名（『祯』）而把『甄』改为『鄄』。鄄，现在属于山东鄄城北。③河上：指黄河南岸之沧和德二州北界。④田穰苴：春秋齐国人，本姓田，是大司马，因此又称作司马穰苴，善于治军，深谙兵法。⑤庶孽：指庶子，古代是指妾所生之子。⑥庄贾：春秋时期齐国的大夫，景公的宠臣。⑦立表下漏：即立标竿以测日影，设置漏壶来记录时间。表，是指古代测日影时所立的标竿；漏，是指古代记时用的漏壶。⑧不佞：犹言『不才』，为自谦之词。⑨援桴鼓：指拿起鼓槌敲鼓。桴，鼓槌。⑩军正：军中执法的官。⑪持节：古代使者所拿作为凭证之物，节，符节。⑫左驸：指车之左面的夹车木。驸，通『辅』，夹车木。⑬左骖：指左面驾车的马。骖，指一车驾三马。⑭次舍：指宿营。次，古代行军停驻一地被称为『次』。⑮拊循：安抚，抚慰。拊，同『抚』。⑯最比：指尤其照顾到。最，极为，尤其；比，到，及。⑰本篇史例出自《史记·司马穰苴列传》。

譯文

大凡对敌作战，士卒之所以勇往直前而不敢后退的，是因为害怕将帅的威严而不是畏惧敌人；如果敢于后退而不敢前进的，那是因为畏惧敌人而不是畏惧将帅。将帅命令士卒赴场蹈火而不敢违抗的，是因为威严的军纪迫使他们这样做的。正如兵法所说：『威严的军纪克服了单纯的怜爱，作战才会取得胜利。』春秋齐景公执政期间，晋国攻打齐国的东阿和鄄城，而燕国则侵犯齐国黄河南岸的领土。齐国军队战败了。齐景公非常担心这件事。大臣晏婴为此而向景公推荐田穰苴，说：『穰苴虽然是田氏门中偏房所生，可是此人论文韬能令众人归服，论武略可让敌人畏惧。希望君王您能给他一次机会。』景公于是召见田穰苴，同他谈论用兵之道，谈论过后景公非常高兴，就任命他为将军并率领军兵抗击燕、晋的入侵。穰苴受任后，对景公说：『我本人一向地位低下，君王突然把我从平民中提拔起来，还加官于大夫之上，士兵不会服从，百姓也不会亲近。人的地位如果低微的话就没有权威可言，因此，请求派一个为君王所宠信、全国所尊崇的人来作监军，才可以统领全军去作战。』于是，景公答应了他的请求，派宠臣庄贾为监军。田穰苴辞别了齐景公，并与庄贾约定说：『明天中午在军营门见面。』第二天，穰苴先赶到军营，设置了测日影的标竿和计时间用的漏壶，以等待庄贾的到来。庄贾一向显贵而骄横，这次又认为穰苴所率领的士卒是他自己的军队，而他自己又是君王委派的监军，所以对如约赴军之事不是很着急也不是很在意。亲戚朋友给他送行，留他宴饮，到了中午时分他还没有到达军营。田穰苴就放倒测影标竿，撤掉计时漏壶，然后进到军营里，检阅队伍，指挥士兵，宣布军纪。部署完毕后，等待到傍晚时分，庄贾才来到军营。田穰苴质问庄贾说：『你为什么过了约定的时间才到呢？』庄贾满不在乎地回答道：『不才受大臣和亲戚们的盛情饯行，因为留饮所以有所耽搁。』穰苴厉声指斥说：『身为将帅，接受命令的那一天，就应忘掉自己的家庭；亲临战阵指挥部队的时候，就应忘掉自己的父母；擂鼓进击的紧急时刻，就应忘掉自己的生命。现在，敌人入侵我国内地，国内人心动荡，士卒们在边境之上日晒夜露，君王因为这个原因睡不安稳，吃不香甜，百姓的性命都系在你的手里，还说什么送行呢？』说完就把军法官叫来，问道：『军法上对于迟到的人，是怎么规定的呢？』军法官回答说：『按法当斩。』庄贾这时才感觉到害怕起来，并马上派人飞马报告齐景公，请求他的解救。庄贾派出的人还没返回时，田穰苴已经按照军法将庄贾斩首示众了。全军将士都非常震惊。过了很长时间，齐景公所派的使者手拿着符节乘车来救庄贾，径直冲入军营里。田穰苴对使者说：『将领在军中执行军务，君王的命令有的是可以不接受的。』他又问军法官说：『军营中不准车马进入，现在使者这样做的话，军法规定该怎样处置？』军法官回答说：『应当处斩。』使者一听大为惊恐。但田穰苴却说：『君王的使者是不可以杀掉的。』于是便斩了使者的仆人，砍断车子左边的车辕，杀了左边驾车的马匹并向全军示众。田穰苴让使者还报齐景公，然后又继续安排军务。对于部队的行军宿营、掘井埋灶、士卒伙食、看病吃药等事宜，田穰苴都亲自过问和安排。他还把自己那份官俸粮饷全部都拿出来给士卒们享用，自己和士卒一起平分粮食吃，还对那些体弱有病的士卒们特别照顾。三天之后率领军队出发，生病的士卒都请求跟随部队一起出征，大家争先恐后地为报答将军的关怀而战斗。晋军听到这个消息后，就撤兵而去；燕国听到这个消息后，也渡过黄河向北撤走，齐国解除了危急。田穰苴挥军追击，乘胜收复了所有沦陷的国土，然后率领军队凯旋而归。

赏戰

凡高城深池，矢石繁下，士卒争先登；白刃始合，士卒争先赴者，必诱之以重赏，则敌无不克焉。法曰：『重赏之下，必有勇夫。』①汉末大将曹操，每攻城破邑，得靡丽②之物，则悉以赏有功者。若勋劳宜赏，不吝千金。无功妄施，分毫不与。故能每战必胜。③

注釋

①重赏之下，必有勇夫：语出自《三略·上略》。②靡丽：是华丽贵重之意。③本篇史例出自《三国志·魏书·武帝纪第一》裴松之注引《魏书》。

譯文

凡在攻城作战时遇到高墙深壕，箭石交下如注的情形，要使士卒争先恐后地攀登城垣；当两军短兵相接，展开白刃格斗之时，要使士卒奋不顾身前赴后继，这些都必须悬以重赏来激励他们英勇杀敌，这样就没有打不败的敌人了。诚如兵法所说：『重赏激励之下，必有勇夫涌现。』东汉末年，大将曹操每当攻克敌人的城镇的时候，就会把所缴获来的贵重财物全部都用来奖赏有功的将士们。如果有谁功勋显著而应当受重赏的，即使赏赐千金也不吝惜；但对那些无功而妄想索赏的人就一分一毫也不能给。所以，曹操每次率军攻战都一定能取得胜利。

罰戰

凡战，使士卒遇敌敢进而不敢退，退一寸者①，必惩之以重刑，故

杨素

杨素字处道，弘农华阴人，隋朝名臣、诗人，杰出的军事家、统帅。中国古代十大奸相之一。

可以取胜也。法曰：『罚不迁列。』②隋大将杨素③，御戎严整，有犯军令者，立斩之，无所宽贷。每将对敌，辄求人过失而斩之，多者百余人，少者不下十数人。流血盈前，言笑自若。及其对阵，先令三百人赴敌，陷阵则已，如不能陷阵而还者，无问多少，悉斩之。又令二三百人复进，还如向者。将士股栗，有必死之心，由是战无不胜。④

注釋 ①退一寸者：马本及诸本都没有关于『退』字的记载，根据前后文的含义，疑脱，故补。②罚不迁列：语出自《司马法·天子之义第二》。③杨素：隋代的名将。弘农华阴（现在属于陕西）人，字处道。出身于士族。初事北周武帝，官至车骑大将军。后来因为跟从隋文帝灭陈战绩卓越，官至上柱国，被封为越国公。他与晋王杨广交往甚好，曾经参与杨广的谋篡活动。杨广即帝位后，改封其为楚国公，官先后至尚书令、司徒。④本篇史例出自《隋书·杨素传》。

譯文 大凡在作战中，士卒们在打仗时与敌人相遇时，要敢于奋勇前进而不敢后退，而由于畏敌而后退一步的，必须用重刑加以惩罚。这样就可以打得胜仗。正如兵法所说：『惩罚过失要就地执行，绝对不能迁延姑息。』隋朝时期，大将杨素治军很严整。他的部队如果有违犯军令的就马上处斩，而绝对不能宽容。每当马上要对敌交战之时，他就搜寻犯有过失的士卒而马上杀掉，被杀的人多者一次有上百人，少者也不下十几人。因为杀人太多，鲜血流遍帐前，而杨素却谈笑风生，好像什么都没发生一样。到了与敌对阵交战之时，他先命令三百人进击敌人，如果能攻陷敌阵也就罢了，如果不能冲破敌阵而活着回来的士兵，不论多少都要全部杀掉。然后又派二三百人再去与敌人作战，对于不能陷阵而生还者仍按照旧法全部杀掉。将士们因此而非常恐惧，人人都抱定必死之志奋勇杀敌，所以每战都能取得胜利。

主戰 凡战①，若彼为客、我为主②，不可轻战。为吾兵安，士卒顾家，当集人聚谷，保城备险，绝其粮道。彼挑战不得，转输不至，候其困敝击之，必胜。法曰：『自战其地为散地。』③《晋书》④：后魏武帝⑤，亲征后燕慕容德⑥于邺城⑦，前军⑧大败绩。德又欲攻之，别驾韩　进曰：『古人先决胜庙堂⑨，然后攻战。今魏不可⑩击者四，燕不宜动者三。』德曰：『何故？』曰：『魏垂军⑪远入，利在野战，一不可击也。深入近畿，致其死地，二不可击也。前锋既败，后阵必固，三不可击也。彼众我寡，四不可击也。官军自战其地，一不宜动。动而不胜⑫，众心难固，二不宜动。城隍⑬未修，敌来无备，三不宜动。此皆兵家所忌，不如深沟高垒，以佚待劳。彼千里馈粮，野无所掠，久则三军靡费⑭，则士卒多毙，师老衅生，起而图之，可以捷也。』德曰：『别驾之言，真良、平⑮策也⑯。』

注释

①凡战：马本及诸本都写作『凡敌』。从前后文义来看，而且对照下篇《客战》起句，当为『凡战』，所以改之。②若彼为客、我为主：『主』与『客』是指中国古代常用的军事术语之一，『主军』一般指在本国实施防御作战的军队，而『客军』一般是指深入敌国实施进攻作战的军队。③自战其地为散地：语出自《孙子兵法·九地篇》。所谓『散地』，是指在本国境内作战的地方，因为官兵思乡恋土，易于逃跑，因此称此种作战地区为『散地』。④《晋书》：马本及诸本皆误作《北史》，今据史校改。⑤后魏武帝：就是北魏太祖道武帝拓跋珪。⑥慕容德：鲜卑族人，慕容垂之弟，他是十六国时期南燕国的建立者。慕容垂建立后燕后，封他为范阳王。其后北魏攻占了河北，后燕被截成南北两部。慕容德率众南迁到滑台（现在属于河南滑县东南）称王，后又东取广固（现在位于山东益都东北），占据现在的山东一带称帝立国，史称『南燕』。⑦邺城：十六国时属后燕地，地处今河南安阳东北。⑧前军：指北魏将领拓跋章所率领的进攻邺城的前锋部队。⑨庙堂：古代帝王商议和祭祀军国大事的地方。出战之前，必先于庙堂之上议决，然后出兵攻战，因此又称谋划战事为『庙算』。⑩不可：马本及诸本都写作

『不宜』，既与下文四个『不可』不相一致，又与史载的原义不符，故据史校改。⑪垂军：史载原作『悬军』，《百战奇略》原作者因避讳宋太祖赵匡胤始祖嫌名（『玄朗』之『玄』）而援引时将『悬』改为『垂』。⑫动而不胜：马本没有记载『动』字，今从唐本。⑬城隍：是指护城壕。⑭靡费：耗费之意。⑮良、平：指张良和陈平，是汉高祖刘邦的重要谋臣。⑯本篇史例出自《晋书·慕容德记》。

譯文　大凡战争，如果敌方入侵我境的话，我军在本土实施防御作战的时候，不可轻易地与敌决战。为了使我军安全无危，由于士兵恋乡易散，应该征集壮丁，储备粮食，保卫城镇，守险拒敌，断敌粮道。从而使敌人欲战而不能，粮草接济不上，等它完全陷入疲困不堪的时候，再出兵去反击它，就一定能够胜利。正如兵法上所说：『在本国境内作战的地区叫做「散地」。』《晋书》记载：北魏道武帝拓跋珪亲自率领大军进攻驻守邺城的后燕大将军慕容德，魏前军拓跋章部被后燕军队所击败。慕容德打算乘胜再去攻击北魏军队，他的别驾韩进见说：『古人用兵打仗，都是首先要搞好战略谋划，然后再出兵攻战。现在，对魏军不能攻击的理由共有四条，而我军不应该轻易行动的理由有三条。』慕容德问道：『那都是些什么理由呢？』他回答说：『魏军远离本土侵犯我境，在平原旷野与我速战速决非常有利，这是魏军不可攻击的第一条理由；魏军深入我军京都附近，已经置于死地必定拼命奋战，这是魏军不可攻击的第二条理由；魏军的前锋遭到了挫败，其后续部队一定能固守阵地，这是魏军不可攻击的第三条理由；魏军众多，我军寡少，这是魏军不可攻击的第四条理由。而我军是在自己国土上作战，士兵恋乡容易逃跑，这是我军不应当轻易出击的第一条理由；如果出击而不胜，军心势必动摇，这是我军不宜轻易出击的第二条理由；我们的护城壕还没修好，敌人就来来攻，我军无法防守，这是我军不宜轻易出击的第三条理由。上述这些理由都是兵家所忌讳的问题。因此，不如依靠深沟高垒，固守防御，以逸待劳。魏军从千里之外运送军粮一定非常困难，而就地解决则现在野外又没有可以掠夺的粮食。这样，时间一长，就会因为消耗过大，而使士兵困毙增多。魏军长时间出征在外，其弱点就会逐渐暴露，那时我军乘机奋起攻击，就可以取得胜利了。』慕容德听了这一席话后，十分赞赏地说道：『你所讲的这些话，真像张良、陈平为刘邦所献的计策啊！』

客戰　凡战，若彼为主、我为客，唯务深入。深入，则为主者不能胜也。谓客在重地①，主在散地②故耳。法曰：『深入则专。』③汉韩信④、张耳⑤以兵数万，欲东下井陉⑥击赵。赵王⑦及成安君陈馀⑧聚兵井陉口，众号二十万。广武君李左车⑨说成安君曰：『闻汉韩信涉西河⑩，虏魏豹⑪，擒夏悦⑫，新喋血阏与⑬。今乃辅以张耳，议欲以下赵，此乘胜而去国远斗⑭，其锋不可当。臣闻千里馈粮，士有饥色，樵苏后爨⑮，师不宿饱。今井陉之道，车不得方轨⑯，骑不得成列，〔行数百里〕，其势粮食必在其后。愿足下假臣奇兵三万人，从间道⑰绝其辎重，足下深沟高垒勿与战。彼前不能斗⑱，退不能还，〔吾奇兵绝其后，使〕野无所掠，不十日，两将之头可悬麾下。愿君留意〔臣之计〕。否则，必为所擒。』成安君自以为义兵〔不用诈谋奇计〕，不听，果被杀⑲。

注釋　①重地：《孙子兵法》所使用的军事术语。是指深入敌境，背后有许多敌人城邑的地区。②散地：《孙子兵法》中的军事术语。马本及诸本都误写作『轻地』。根据《孙子兵法·九地篇》记载：『主军』就是『自战其地』，而『自战其地为散地』，故改。③深入则专：语出自《孙子兵法·九地篇》。④韩信：西汉初的名将。淮阴（现在的江苏清江西南）人。初从项羽，后归刘邦，被任为大将。楚汉战争中，刘邦用计攻占了关中。刘邦在荥阳、成皋间与项羽相持时，派韩信抄袭项羽后路，破赵取齐，占据黄河下游地区，被封为齐王；之后率军与刘邦会合击灭项羽于垓下（现在的安徽固镇县濠城沱河南岸）。汉朝建立，改封其为楚王。后因为被告谋反而被吕后所杀害。⑤张耳：秦末大梁（现在位于河南开封）人。陈胜起义的时候，他与陈馀从武臣北定赵地，武臣为赵王，他为丞相。陈胜起义失败之后，他受到项羽的分封，被封为常山王。后因为与陈馀不和，弃项羽而改投刘邦，所以又改封为赵王。⑥井陉：旧址在现在的河北井陉西北。⑦赵王：是指赵王歇。⑧陈馀：秦末大梁人。陈胜起义后，奉命与张耳从武臣进攻赵地。武臣被杀后，他与张耳共同拥立旧贵族赵歇为王；后来把张耳逼迫走，自为代王。在韩信破赵之战中兵败被杀害。⑨李左车：西汉初赵王歇的谋士。⑩西河：这里指黄河。⑪魏豹：战国时魏国贵族。秦末陈胜起义时立其兄咎为魏王。秦将章邯攻魏，咎被迫而自杀，豹逃到楚国，借兵攻下魏地二十多个城市，自立为魏王。项羽大封诸侯，把封豹改为西魏正，后被韩信所虏杀。⑫夏悦：西汉高帝元年（206）七月，陈馀命夏悦与张同往说齐王田荣共同打击常山王张耳，大破之。其它的事迹不详。⑬阏与：古代邑名。战国韩地，后来归属于赵。旧址在现在的山西和顺。⑭远斗：马本及唐本都误写作『远阏』，今从王本、汪本。⑮樵苏后爨：是指打柴烧饭。樵苏，打柴割草；爨，是指烧火煮饭。⑯方轨：两车并行称之为方轨。⑰间道：偏僻的小路。⑱斗：马本及诸本都作『进』，与原来的含义不相符合，故据史校改。⑲本篇史例出自《史记·淮阴侯列传》。

譯文 大凡战争，如果敌方是在本土防守，而我方处于进攻的地位时，就一定要深入敌国的重要地区。深入其中心地区，就会使敌人不能取得胜利。这就是通常所说的，『客军』深入敌国腹心地区，因此没有后退之路，只能拼命进击；而『主军』在本国作战，士兵思念乡土，易于逃跑导致失败的原因。正如兵法所说：『深入敌人重要阵地作战，将士就会集中精力地去杀敌。』西汉初年，韩信与张耳奉刘邦之命率领军兵好几万，企图东下井陉，进攻赵国。赵王歇和辅佐他的成安君陈馀调集部队扼守井陉口，号称有二十万多。广武君李左车劝告成安君陈馀说：『听说汉将韩信从黄河西岸东渡，俘虏了魏王豹，活捉了夏悦，刚刚血洗了阏与。现在又把张耳作为辅佐，商量要攻占赵国，这是乘胜而离开本国要去远征，其兵锋所向是不可阻挡的。但我听说，从千里以外运送军粮，士兵面有饥色；临时打柴割草而烧火做饭，军队就不能常常吃饱。现在井陉这条道路，车辆无法并列通行，骑兵不能并排行走，汉军行进在好几百里的狭长道路上，他们的运粮车一定落在部队之后。希望您暂时拨给我奇兵三万人，抄小路拦截他们的辎重粮草；而您就依靠深沟高垒，固守防御，不与其作战。这样，他们向前无法交战，后退无法撤兵，我用奇兵切断他们的后路，使他们在野外掠夺不到粮草，不出十天，韩、张两将的头就会悬挂在将军的指挥旗下。希望您能仔细考虑我的谋略，否则，一定被他们所擒获。』成安君陈馀自以为正义之师不会使用诈谋奇计，根本不采纳李左车的谋略，其后果然被韩信部队所杀害。

強戰 凡与敌战，若我众强，可伪示怯弱以诱之，敌必轻来与我战，吾以锐卒击之，其军必败。法曰：『能而示之不能。』①战国赵将李牧②，常居代、雁门③，备匈奴。以便宜置吏，市租④皆输入幕府⑤，为士卒费。日击数牛享士，习骑射，谨烽火⑥，多间谍，厚⑦遇战士，约曰：『匈奴入盗，急入收保，有敢捕虏者斩。』匈奴每入盗，辄入收保，不与战。如是数岁，无所亡失。然匈奴以李牧为怯，虽赵边兵亦以为吾将怯。赵王谓⑧李牧，李牧如故。赵王召之，使人代牧将。岁余，匈奴来，每出战，数不利，失亡多，边不得田畜。于是，复请牧。牧称疾，杜门不出，赵王乃复强起使

李牧雁门纵牧

李牧，生年不详，卒于前229年，战国时期赵国人，杰出的军事家、统帅。官至赵国相，大将军衔，受封赵国武安君。李牧早期主要负责北部边疆，常年驻守代郡、雁门郡。以防御为主，但是又根据具体情况加强军队的战斗力，有效地防备了匈奴的侵扰，保护了赵国北部边境。

将兵。牧曰：『若用臣，臣如前，乃敢奉命。』王许之。李牧遂往，至，如故约。匈奴来无所得，终以为怯。边士日得赏赐不用，皆愿一战。于是，乃具选车得一千三百乘，选骑得一万三千匹、百金之士[9]五万人、控弦者[10]十万人，悉勒兵习战，大纵畜牧，人民满野。匈奴来，佯败不胜，以数千人委之。单于闻之，大率众来入。李牧多为奇阵，张左右翼以击之，大破之，杀匈奴十万余骑，单于奔走。其后十余岁，匈奴不敢犯赵边[11]。

注釋

①能而示之不能：语出自《孙子兵法·计篇》。②李牧：战国末赵国著名的将军。长期驻守在赵国北部边境，很得军心，曾经率领军队打败东胡、林胡和匈奴。赵王迁三年（233），因为率领军队击败秦军有功，被封为武安君，后来因为赵王中秦国反间计而被杀害。③代、雁门：代，郡名，位于今河北蔚县一带；雁门，郡名，地处现在的山西河曲、五寨、宁武

以北，恒山以西，内蒙古黄旗海以及岱海以南的地区。④市租：马本及唐本都写作『下租』，今从王本和汪本。市租，是指收取租税。⑤幕府：古代将帅出征，所设的府署以帐幕搭设而成，因此称将帅之府署为『幕府』。后世地方军政大吏的官府，如明清的督抚衙门，又称『幕府』。⑥烽火：马本及唐本、汪本皆误为『风火』，今从王本。烽火，古代边防报警的设施。当敌人入侵时，就会在边境所筑的高台（烽火台）上烧柴或点燃狼粪来传报敌情。⑦厚：马本及诸本都误作『后』，今据史校改。⑧谓：史籍原作『让』，为避讳宋英宗父名（『允让』之『让』），《百战奇略》原作者在援引时将『让』改为『谓』。⑨百金之士：这里指敢于冲锋陷阵而获得重金奖赏的勇士们。⑩控弦者：是指射手。⑪本篇史例出自《史记·廉颇蔺相如列传》。

譯文　大凡对敌作战，如果我军的数量多又实力强大，可以伪装成兵力怯弱来引诱敌人，敌人一定轻率地前来与我军进行交战，我军就乘机出动精锐的部队来攻击它，敌人就一定会被我军打败。诚如兵法所说：『能够打仗时要伪装成不能打仗。』战国末期，赵国将领李牧常年驻守在代郡、雁门郡边境地区防御匈奴。他可以根据实际的情况自行设置官吏，收取的租税全部送到他的府署作为养兵的经费。每天杀掉几头牛供部队来食用，训练士卒骑马射箭，小心地把守烽火台，多派间谍侦察敌情，给战士以优厚待遇，并规定说：『匈奴如果入侵边境进行抢掠时，大家应马上退入营垒坚守，如果有人胆敢捕捉匈奴兵，一概处斩不赦。』因此，匈奴每次入侵抢掠时，他的部队都退到营垒坚守，不与匈奴兵交战。像这样一连好几年，边境上没受什么伤亡和损失。但匈奴人却认为李牧这种做法是胆怯的，就连赵国边境上的士兵们也认为自己的将军是胆小怕事。赵王因此责备了李牧。但李牧仍然没有变化。于是，赵王召回了李牧，改派别人取代李牧为将。新任将领到职一年多，每当匈奴兵来侵犯的时候，他都命令部队出战，但是常常受挫失利，损失伤亡的士兵也很多，导致边境地区无法耕种和放牧。于是，赵王又去请李牧出任边帅。李牧托辞有病而闭门不出。赵王不得不强行起用李牧去统率边兵。李牧说：『如果能任用我，只有允许我像以前那样的办法做事，我才敢接受任命。』赵王便答应了。于是李牧到了边境，仍然按原来的约定行事。匈奴兵来犯一无所获，但他们始终认为李牧是因为胆怯而不敢出战。守边的士卒们每天都会得到赏赐，却不用他们去打仗，因此，都请求愿意与匈奴决一死战。李牧于是就准备了精心挑选的战车一千三百辆，精选的战马一万三千匹，挑选曾经获得重金奖赏的勇士五万人，会拉弓射箭的射手十万人，然后全部都组织起来进行训练。又大纵牲畜，让人民满山遍野地放牧。匈奴见到这样的情景，先是派遣一小股兵力入侵，接战后李牧假装不胜，故意丢弃了几千人而后退。匈奴首领单于得到此消息以后，马上亲自率领大军入侵赵国的边境。李牧设置了很多的奇阵，指挥赵军展开左右两翼包抄匈奴军，把他们打得落花流水，歼灭匈奴的骑兵十余万人，单于仓皇逃跑。此后的十余年间，匈奴不敢再侵犯赵国的边境。

弱戰

凡战①，若敌众我寡，敌强我弱，须多设旌旗，倍增火灶，示强于敌，使彼莫能测我众寡、强弱之势，则敌必不轻与我战，我可速去，则全军远害。法曰：『强弱，形也。』②后汉③，羌胡反，寇武都④，邓太后⑤以虞诩⑥有将帅之略，迁武都太守。羌乃率众数千，遮诩于陈仓⑦、崤谷⑧，诩即停军不进，而宣言上书请兵，须到当发。羌闻之，乃分抄傍县。诩因其兵散，日夜进道，兼行百余里⑨。令吏士各作两灶，日增倍之，羌不敢逼。或问曰：『孙膑减灶而君增之。兵法日行不过三十里，〔以戒不虞〕，而今日且行二百里，何也？』诩曰：『虏众多，吾兵少。虏见吾灶日增，必谓郡兵来迎。众多行速，必惮追我。孙膑见弱，吾今示强，势有不同故也。』⑩

注釋

①凡战：王本和汪本都写作『凡与敌战』。②强弱，形也：语出自《孙子兵法·势篇》。③后汉：这里指东汉。④武都：古代郡名。汉武帝时开始设置。东汉时郡治在下辨（现属甘肃徽县西）。⑤邓太后：就是东汉和帝刘肇之皇后，名绥。和帝死后，她先后将殇帝刘隆（和帝少子）和安帝刘祜（章帝孙）立为帝，临朝执政有十多年。⑥虞诩：东汉陈国武平（现属河南鹿邑西北）人，字升卿。安帝时，开始为朝歌（今河南汤阴西南）长，后来任武都太守。顺帝时，官至尚书仆射。⑦陈仓：古代县名，秦置。因山而得名，治所在现在的陕西宝鸡东。⑧崤谷：是指散关，又称大散关。地处于今陕西宝鸡西南大散岭上，当秦岭咽喉，是自陈仓出陕入川的交通要道，一直是兵家争夺

的要地。⑨兼行百余里：马本及唐本『兼行』后有『日行』，明显是衍文，今据史载删除。兼行，是指两倍行程，所以『兼行百余里』，实际行程应该是二百余里。⑩本篇史例出自于《后汉书·虞傅盖臧列传》。

譯文 大凡对敌作战，如果处于敌众我寡、敌强我弱的情形时，必须多设旗帜，加倍增筑锅灶，伪装成强大之势来迷惑敌人，使它无法摸清我军数量多少和强弱的实情，敌人就一定不敢轻易向我军发起进攻，我军就可以迅速撤离来摆脱危险的境地。正如兵法所说：『兵力的强弱，是可以用「示形」之法来伪装的。』东汉安帝时期，地处西北的羌族举兵反叛，寇掠武都郡。临朝执政的邓太后由于虞诩有将帅的雄才大略，升任他为武都太守而让其率兵西行平叛。羌人首领率领军队好几千人，在陈仓、崤谷一带阻截虞诩；虞诩马上命令部队停止前进。为了麻痹羌人，虞诩扬言他已经上书皇帝请求援兵，只等援兵一到就向前进发。羌人听到了这个消息后，就分兵到附近各县进行抢掠。虞诩乘他兵力分散的有利时机，率领军队疾速西进，日夜兼程地赶路，一昼夜行进二百里，并命令部队官兵每个人各造两个锅灶，每天增灶一倍；羌兵见此情况而不敢逼近虞诩的部队。有人问道：『孙膑围魏救赵时是采用逐日减灶之法欺骗魏军的，而您却是用逐日增灶的办法；兵法上讲一日行军不能超过三十里，以防不测，而现在我们却走了二百多里。这是什么原因呢？』虞诩回答说：『敌人兵多而我军人少；敌人见我军锅灶日益增多，一定认为诸郡救兵来参战了，兵力增多而行军速度又快，敌人一定不敢追赶我们。孙膑是有意向敌人显现自己力量弱小，而我现在是向敌人假装自己力量强大。（两者所用的战法是不同的），这是各自所处的形势不同的原因。』

骄战 凡敌人强盛，未能必取，须当卑词厚礼，以骄其志，候其有衅隙可乘，一举可破。法曰：『卑而骄之。』[1]蜀将关羽[2]北伐，擒魏将于禁[3]，围曹仁[4]于樊[5]。吴将吕蒙[6]在陆口[7]称疾，诣建业[8]，陆逊[9]往见之，谓曰：『关羽接境，如何远下[10]，后不堪忧也！』蒙曰：『诚如来言，然我病笃。』逊曰：『羽矜其骁气，凌轹[11]于人。始有大功，意骄志逸[12]，〔但务北进，无嫌于我。〕又相闻病，必益无备。今出其不意，自可擒制。下见至尊[13]，宜好为计。』蒙曰：『羽素勇猛，既难与敌，且已据荆州，恩信大布，兼始有功，胆气益壮，未易图也。』蒙至都，权问：『卿病，谁可代者？』蒙对曰：『陆逊虑思深长，才堪负重，观其规虑[14]，终可大任。而未有远名，非羽所忌，无复是过[15]。若用之，当今外自韬隐[16]，内察形便，然后可克。』权乃召逊，拜偏将军右部督[17]代蒙。逊至陆口，书与羽曰：『前承观衅而动，以律行师[18]，小举大克，一何巍巍！敌国败绩，利在同盟，闻庆抚节[19]，想遂席卷，共奖王纲[20]。某不敏，受任来西，延慕光尘[21]，思禀良规[22]。』又曰：『于禁等见获，遐迩欣叹，以为将军之勋足以长世，虽昔晋文城濮之师[23]，淮阴拔赵之略[24]，蔑以尚之[25]。闻徐晃[26]等步骑驻旌[27]，窥望麾葆[28]。操猾虏也，忿不思难，恐潜增众，以逞其心。虽云师老，犹有骁悍。且战捷之后，常苦轻敌，古术军胜弥警，愿将军广为方针，以全独克。仆书生疏迟，忝所不堪[29]，嘉邻威德，乐自倾尽，虽未合策，犹可怀也。〔傥明注仰[30]，有以察之。〕』羽览书有谦下自托之意，遂大安，无复所嫌。逊具启状，陈其可擒之要。权乃潜军而上，使逊与吕蒙为前部，至即克公安、南郡[31]。

吕蒙

吕蒙，字子明。东汉末年吴国著名军事家、将领，仕于东吴的孙权。

注釋 ①卑而骄之：语出自《孙子兵法·计篇》。②关羽：三国时期蜀汉的大将。河东解县，今山西临猗西南人，字云长。东汉末年，跟随刘备在涿郡起兵。建安五年（200），刘备被曹操所打败，关羽被俘后受封汉寿亭侯，但后来又回归刘备处。建安十九年（214）镇守荆州；二十四年率军北上，在樊城围攻曹操部将曹仁，大败于禁所率领的七军。后来，因为后方空虚无备，孙权派兵攻占公安（今湖北公安西北）、南郡（今湖北江陵），荆州完全失守，关羽父子兵败被俘杀。③于禁：三国时期魏国钜平，今山东泰安南人，字文则。起初跟随济北鲍信镇压黄巾起义，后归附曹操，官至虎威将军，获封益寿亭侯。建安二十四年（219），奉命率军赶赴樊城援救曹仁，但兵败投降关羽。后来孙权人马攻占荆州，于禁被放还魏国，惭恨而死。④曹仁：曹操堂弟，字子孝。东汉末年跟随曹操起兵，官至征南将军，在江陵屯兵驻守，以放御东吴。曹丕称帝后，他升任大将军。⑤樊：即樊城，现今属湖北襄樊市。⑥吕蒙：三国时期东吴著名大将。汝南富陂，今安徽阜南东南人，字子明。跟随孙权征战有功，升任横野中郎将。赤壁大战之后，又任偏将军；攻取荆州后，位任南郡太守，获封孱陵侯，不久得病而死。⑦陆口：俗称陆溪口，在今天湖北省嘉鱼县西南部的陆水入江处。三国时期是东吴的军事要地。⑧建业：东吴都城，今天的江苏南京。⑨陆逊：东吴著名大将。吴县华亭，今上海松江人，字伯言。孙策的女婿，出身于士族家庭，善于谋略，被吕蒙推荐，任职偏将军右部督代蒙屯陆口。攻取荆州后，位任大都督，掌管东吴兵权，督军先后在猇亭败刘备，即今湖北宜都北，在石亭破曹休，今安徽怀宁、桐城间，后官至丞相。⑩远下：是说吕蒙称得病离开陆口而东下回建业。建业对陆口而言相距不但远目而且又在长江下游，所以被称为『远下』。⑪凌轹：也称作『陵轹』、『轒轹』，是说倾轧，欺压的意思。⑫始有大功，意骄屯逸：马本和唐本都作『禁等为水所没，非战守之所失，于国家大计未有所损』。经考查，这并不是陆逊对吕蒙所讲的话，而是司马懿建议曹操不要迁都河北时所讲的话（原文见《晋书·宣帝纪》），这里显然是张冠李戴。今从王本。⑬至尊：是指至高无上的地位，古代多指皇位，所以用来作皇帝的代称。这里是指孙权。⑭规虑：指器识，谋划，思虑。⑮无复是过：这个词的意思是，没有再可以超过陆逊的。是，指代陆逊。⑯韬隐：指隐藏谋略和企图。⑰偏将军右部督：右部督，是指偏将军的属官；马本及各本都误作为『都督』，现根据历史校改。⑱以律行师：使用法制来治军打仗。出自《周易·师卦》初六爻辞『师出以律』。⑲闻庆抚节：马本及唐本将『庆』误用为『爱』，今从王本。庆，即可用来纪念庆贺的事情，这里指关羽围曹仁于樊、败于禁七军。抚节，以手击节，表示祝贺的意思。整个句子的意思是，听到这个喜庆的消息，我们就击节祝贺。⑳共奖王纲：奖，奖助，辅助的意思；王纲，是指朝廷的法度，这里指东汉朝廷。是说共扶汉室的意思。㉑延慕光尘：延慕，延颈倾慕；光尘，光照尘世。句意是说引颈仰慕你光照尘世的业绩。㉒思禀良规：意思是说渴望接受你对我的良好教诲。㉓晋文城濮之师：即是指春秋时的晋楚城濮战役。周襄王二十年（632），晋文公率军与楚将子玉军在城濮（今山东范县西）交战，晋军大破楚军，自此确立了晋国的霸主地位。事见《左传·僖公二十八年》。㉔淮阴拔赵之略：马本及唐本将『拔』误用为『授』，今从王本。淮阴，是指汉初著名大将淮阴侯韩信。汉高帝三年（204）十月，韩信领兵攻打赵国，采取出奇制胜战略，以少胜多，大败赵军，攻占赵地。事见《史记·淮阴侯列传》又见《汉书·韩信传》。㉕蔑以尚之：蔑，无。尚，超过。这句话的意思是没有超过你（指关羽）的。㉖徐晃：三国时期魏国名将。河东杨县，今山西洪桐县东南人，字公明。早年跟随车骑将军杨奉镇压黄巾起义，后归顺曹操，位任右将军，封为阳平侯。㉗驻旌：旌，旗帜，代指军队。驻旌，是指驻扎军队。㉘麾葆：指古代将帅指挥军队作战时的旗帜。在这里代指关羽。㉙忝所不堪：忝，指有愧于，羞于，是表示自谦的词。句意是说有愧于自己不能胜任的职位。㉚傥明注仰：傥，倘若。注仰，仰目注视。句意是指倘可以了解我对你的仰慕之忱。㉛本篇史例出自《三国志·吴书·陆逊传》。

譯文 凡是在敌人力量很强大，我军无必胜把握的情况下作战，应使用卑恭的言词和厚重的礼物，来麻痹敌人使其志骄意惰；等到敌人有隙可乘之时，就可以一举而击破它。就像兵法所说：『对于卑视我方的敌人，要想方设法使其更加骄躁。』三国时蜀国将领关羽率军北伐时，活捉了魏左将军于禁，并把其征南将军曹仁围困于樊城。而此时镇守陆口的吴国大将吕蒙声称有病需要回京都建业休养，（途经芜湖时）陆逊前去看望他，对他说：『关羽驻地同我们边境接邻，您竟远离防区而东下京都，其后果不堪设想！』吕蒙说：『的确如您所说，可是我的病很重啊。』陆逊接着分析说：『关羽自恃骁勇善战，经常侵凌别人，刚立大功，更加骄傲放纵，现在一心只想北进，对我们吴国没有怀疑，加之又听说您得了重病，必然更加不作防备。倘若现在出其不意地袭击他，自然可以将其活捉制服。您回京都见了主公（孙权），可以很好地进行谋划。』吕蒙说：『关羽向来英勇威猛，既难以对付，且又久据荆州，大施恩信于百姓，加之又刚刚打了胜仗，胆量气势更盛，是不容易图谋他的。』吕蒙回到建业，孙权问他：『您病了，有谁可以接替您的职务？』吕蒙回答说：『陆逊深谋远虑，具有担当重任的才干和能力，从其对局面形势的分析和筹划之中所显示出的器识来看，他最终是可以担当大任的。但现在他还不太出名，并不为关羽所畏忌，所以（要找接替我的人）没有比他更合适的了。如果任用他，应当要求他对外要隐藏自己的才能行迹，而在暗中观察其形势的发展变化，寻找有利时机，然后才可战胜关羽。』孙权于是召见陆逊，任命他为偏将军右部都督，来接替吕蒙的防务。陆逊奉命来到陆口后，立即给关羽写信并极尽恭维之辞，说：『前不久蒙您观察敌人衅隙而适时出兵北伐，按照法制治军用兵，因而以较小的举动而获得大胜，这是何等崇高伟大啊！敌国遭到失败，这有利于我们两国结盟以便互相帮助。因此，听到这一胜利消息之后，我们都情不自禁地击节庆贺，盼望您能乘胜前进，席卷中原，来实现我们共扶汉室的心愿。我陆逊才思不敏，受命西来驻防，仰慕您光照尘世的业绩，渴望接受您对我的良好教诲。』又说：『于禁等人被擒，远近的人们都欢欣赞叹，认为将军的功勋完全能够与世长存，即使是当年晋文公在城濮之战中打败楚国的用兵方法，淮阴侯韩信攻破赵国的谋略，也都没有超过您的功绩。听说魏将徐晃等人率步骑兵进驻到樊城附近，窥探您的动静。曹操是个狡猾的敌人，他出于对您的忿恨，将不顾困难的处境，而暗中增派部队，以求其南进的野心得以实现。他的部队虽说已经久战十分疲惫，但还有可用的猛将悍卒。况且打了胜仗之后，往往骄傲轻敌是隐患所在。古人的用兵方法是，胜仗之后会更加警惕。因此，希望您可以广为筹划，制定周密的方略，以确保全胜不败的战绩。我本是一介书生，粗疏迟钝，对自己所不堪胜任的职务刚到惭愧，庆幸并欣喜与您这位威德崇高的将军为邻，因此乐于向您尽情抒发愚钝的见解，虽然不能合乎您的谋略计策，但我的心情还是可以理解的。倘能明了我对您的热忱的仰慕之情，以上所言只供您考察。』关羽看了陆逊的信后，觉得他有谦恭敬仰和请求依托的意思，于是大为放心，对吴国不再有所猜疑和顾忌了。陆逊及时地把这些情况报告给孙权，对其可以擒获关羽的主要理由进行了陈述。孙权据此暗中派兵溯江而上，令陆逊和吕蒙率领军队作为前锋，到达之后便迅速攻占了公安和南郡两地。

交戰

凡与敌战，傍与邻国①，当卑词厚赂结之，以为己援。若我攻敌人之前，彼犄②其后，则敌人必败。法曰：『衢地则合交。』③三国蜀将关羽，围魏曹仁于樊，魏遣左将军于禁等救之，会汉水暴起，羽以舟兵虏禁等步骑三万送江陵④。是时，汉帝都许昌⑤，魏武⑥以为近贼，欲徙河北，以避其锋。司马懿谏曰：『禁等为水所没，非战守之所失，于国家大计未有损失，而便迁都，既示敌以弱，又淮、沔之人俱不安矣。孙权、刘备，外亲而内疏，羽今得意，权必不愿也。可谕权，令犄其后，则樊围自解。』魏武从之，遣使结权，遂遣吕蒙西袭公安，拔之，羽果弃樊而去。⑦

注释 ①傍与邻国：王本为『傍有邻国』。②犄：是牵制的意思。③衢地则合交：出自《孙子兵法·九地篇》。④江陵：现在湖北境内。⑤汉帝都许昌：汉帝，即指东汉献帝刘协。建安元年（196）九月，曹操奉献帝从洛阳迁都至许昌，今河南许昌东。⑥魏武：是指曹操。曹操死后，他的儿子曹丕代汉称帝，是为文帝，建国号为魏，追尊曹操为武皇帝，所以史称曹操为魏武帝。⑦本篇史例出自《晋书·宣帝纪》，又见之于《三国志·魏书·蒋济传》。

譯文 凡是对敌作战，对于战区毗连的邻国，应当以卑恭的言词和厚重的财物和它结交，争取其成为自己的盟援国。倘若在作战中我国进攻敌人的正面，而盟国牵制住敌人的后面，这样，就一定能把敌人打败。就像兵法所说：『在多国交界的「衢地」作战，应当和盟国结交使其作为后援。』三国时期的蜀国大将关羽把魏将征南将军曹仁围困在樊城，曹操派遣左将军于禁等人率领大军前往救援，又正好赶上汉水暴涨，关羽指挥水师进行迎战，把于禁等步骑兵三万人俘获，然后把他们押送到江陵。当时，汉献帝于许昌立都，曹操认为许昌距敌太近，想把首都迁往黄河以北，以避开关羽的兵锋威胁。但大将司马懿却劝阻说：『于禁等人实为洪水所淹没，并不是作战不力所造成的失败，这对国家大局并没有什么影响。如果因此而轻率迁都，不仅向敌人示弱，还会引起淮河、汉水流域的民众的恐慌畏惧和不安。孙权与刘备虽然结为盟友，但实际上是外表亲近而内里疏忌。关羽如今得意，孙权必然不会高兴。据此，可以派人谕示孙权，让他从背后牵制关羽，这样，樊城之围就自然得到解除了。』曹操采纳了司马懿的建议，派遣使者去东吴与孙权结好。孙权于是派吕蒙率军向西进攻袭击并占领了公安和南郡，关羽果然放弃了对樊城的围困而退走。

形戰

凡与敌战，若彼众多，则设虚形以分其势，彼不敢不分兵以备我。敌势既分，其兵必寡；我专为一，其卒自众。以众击寡，无有不胜。法曰：『形人而我无形。』[①]汉末，建安五年，曹操与袁绍相拒于官渡[②]。绍遣郭图[③]、淳于琼、颜良攻曹将东郡太守刘延于白马[④]，绍率兵至黎阳[⑤]，将渡河。夏四月，曹操北救延。荀攸[⑥]说操曰：『今兵少不可敌，若分其势乃可。公到延津[⑦]，若将渡河向其后，绍必西应之。然后轻兵袭白马，掩其不备，颜良可擒也。』操从之。绍闻兵渡，即分兵西应之。操乃率军兼行趋白马，未至十余里，良大惊，来迎战。操使张辽、关羽前登，击破之，斩良，遂解白马之围。[⑧]

注釋

①形人而我无形：此语出自《孙子兵法·虚实篇》。②官渡：古代地名。位于现在的河南中牟东北，临古官渡水。东汉建安五年（200），曹操在此以劣势兵力歼灭袁绍主力，为统一北方奠定了基础。今尚存上垒遗迹，称为中牟台，又名曹公台。③郭图：东汉颍川，今河南禹县人，字公则。是袁绍的谋士，曾劝袁绍趁汉献帝东迁，将其挟持于邺，但是没有被袁绍采纳。④白马：古代县名。位置在今河南滑县东。⑤黎阳：汉置

荀攸

荀攸，字公达，颍川颍阴人。三国时期魏臣，荀彧之侄。曹操的重要谋士之一。

县。位置在今河南浚县东。《汉书·地理志》注引『晋灼曰：「黎山在其南，河水经其东。其山上碑云县取山之名，取水之阳以为名。」』⑥荀攸：东汉颍阴，今河南许昌人，字公达。东汉末年，曾任职黄门侍郎，后成为曹操军师，跟随出征时屡献计谋，被任命为尚书令。后跟随曹操攻打孙权，病死于途中。⑦延津：古代津渡名。位置在今河南汲县东的古黄河渡口。⑧本篇史例出自《三国志·魏书·武帝纪第一》。

譯文 凡是对敌作战，如果敌人兵力众多，就要运用制造虚形假像的『示形』之法来改变敌人的兵势，迫使它不得不分兵来防备我。敌人的兵力既然分散了，那么，它在每处的兵力必定会减少；而我军的兵力集中于一处，兵力自然众多。以我众多的兵力攻击数量寡少的敌人，是没有不胜利的。就像兵法所说：『用制造虚形假像的方法诱使敌人暴露弱点，而把我军真实情况隐藏起来不被敌人知道。』东汉献帝建安五年（200），曹操同袁绍两军对抗于官渡地区。袁绍派遣郭图、淳于琼、颜良率兵进攻驻扎在白马的曹操部将、东郡太守刘延所部，袁绍亲自率兵进入黎阳，准备南渡黄河。这年夏季四月，曹操率军北进援救刘延。荀攸向曹操献策说：『现在我军兵力较少难以抵挡袁军，只有分散他们的兵力，然后才可以战胜它。您带部分人马向延津方向出发，摆出将要北渡黄河攻打他们的后方的样子，袁绍必定会从西边赶来应战。然后我们率领轻装部队袭击白马，乘其没有准备而攻打他，颜良就可以被我们所擒获。』曹操听后采纳了他的建议。袁绍听到曹军要从延津北渡黄河的消息后，立即分兵向西应战。曹操乘此机会率兵日夜兼程直趋白马，当进抵距离白马还有十多里时，颜良得知后大为吃惊，匆忙前来迎战。曹操派大将张辽、关羽为前锋，打败了袁军，击斩了颜良，于是解除了白马之危。

势戰

凡战，所谓势者，乘势也。因敌有破灭之势，则我从而迫之，其军必溃。法曰：『因势破之。』①晋武帝②密有灭吴之计，而朝议多违，惟羊祜③、杜预④、张华⑤与帝意合。祜病，举预自代。及祜卒，拜预镇南大将军，都督荆州诸军事。既至镇，缮兵甲，耀威武，遂拣精锐，袭破吴西陵都督张政，乃启请伐吴之期。帝报待明年方欲大举。预上表曰：『凡事当以利害相较，今此举十有八九之利，而其害一二，止于无功耳。朝臣言破败之形，亦不可得，直是计不出己，功不在身，各耻其前言之失，故守之耳。昔汉宣帝议赵充国所上事⑥效之后，责诸议者，皆叩头而谢，以塞异端也。自秋以来，讨贼之形颇露之。若今中止，孙

羊祜

羊祜，字叔子，青州泰山人，西晋著名的战略家。从他起上溯九世，羊氏各代皆有人出仕二千石以上的官职，并且都以清廉有德著称。

皓[7]怖而生计，或徙都武昌[8]，更添修江南诸城，远居其人，城不可攻，野无所掠，积大船于夏口[9]，则明年之计或无所及矣。』时帝与张华围棋，而预表适至。华推枰[10]敛手曰：『陛下圣明神武，国富兵强，吴王淫虐，诛杀贤能，当今讨之，可不劳而定。』帝乃许之。预陈兵江陵，遣周旨、伍巢等率兵泛舟夜渡，以袭乐乡[11]，多张旗帜，起火巴山，出于要害之地，以夺贼心，遂虏吴都督孙歆。既平上流，于是湘江以南，至于交、广[12]，吴之州郡，望风归附，预仗节宣诏而抚绥之。时诸将会议，或曰：『百年之寇，未能尽克。今大暑，水潦方降，疾疫将起，宜伺来冬，更为大举。』预曰：『昔乐毅藉济西一战[13]，以并强齐。今兵威已振，譬如破竹，数节之后，皆迎刃而解，无复着手处也。』遂指授群帅[14]，径造[15]秣陵[16]，所过城邑，莫不束手，遂平孙皓[17]。

注释 ①因势破之：语出自《三略·上略》。②晋武

杜预

杜预出身于忠于曹魏政权的官宦世家，从小博学多通，但由于司马氏的专政和排挤使杜预受到牵连，年过三十仍未出仕。司马昭执政后杜预渐受重用。

帝：即指司马炎。魏咸熙二年（265），他取代曹魏称帝，改国号为晋，史称『西晋』。③羊祜：西晋的大臣。泰山南城，今山东费县西南人，字叔子。晋武帝时期出任尚书左仆射，曾参与谋划灭吴。他出镇襄阳十年，都督荆州诸军事，开荒屯田，修整兵甲，储备军粮，为其后一举灭吴打下了基础。④杜预：字元凯，京兆杜陵（今陕西西安东南）人，西晋时期大将，当时的著名学者。晋武帝时，被羊祜推荐，祜卒后，代镇襄阳，出任镇南大将军，都督荆州诸军事。因为灭吴有功，被封为当阳县侯。他博学多才，尤其善于谋略，当时有『杜武库』的称号。著有《春秋左氏经传集解》、《孙子兵法注》等。⑤张华：西晋时期大臣。范阳方城，今河北固安南人，字茂先。晋代初期出任中书令，力排异议，支持武帝司马炎的灭吴计划。灭吴后，受封为广武县侯。⑥赵充国所上事：赵充国，西汉时期大将，陇西上邽，今甘肃天水西南人，字翁孙。熟悉匈奴和羌族情况。武帝、昭帝时，率军反击匈奴贵族的袭扰，骁勇善战，因战功卓著而出任后将军。宣帝神爵元年（前61），在与羌族先零部贵族的斗争中，曾多次上书提议屯垦戍边，所谓『赵充国所上事』即是指此。赵充国每次上书，宣帝都召集大臣讨论，起初，赞成者只有十分之三；中间，增至十分之五；最后，增至十分之八。对此，宣帝下诏责问刚开始持有反对意见的人，迫使他们叩头请罪。事见《汉书·赵充国传》。⑦孙皓：三国时期吴国的最后一个皇帝。魏咸熙元年（264）登上帝位后，专横暴虐，奢侈荒淫。西晋咸宁五年（279），晋武帝六路出兵攻吴，第二年三月，晋军攻入吴都建业，孙皓投降称臣。⑧武昌：吴江夏郡治所，位置在今湖北鄂城。⑨夏口：古代地名。位置在今湖北武汉对面。⑩枰：是指棋盘。⑪乐乡：位置在今天湖北江陵西南。⑫交、广：即交州、广州，相当于现在的广西、广东大部分地区。⑬乐毅藉济西一战：周赧王三十一年（前284），燕将乐毅统率燕、秦、楚、韩、赵、魏六国军队攻打齐国，在济西（古代时的济水之西，今天的山东高唐、聊城一带），大破齐军，并乘胜追击，攻打并占领了齐国的都城临淄。事见《史记·乐毅列传》。⑭群帅：马本及唐本都误用为『郡帅』，现以王本为准。⑮径造：直往。⑯秣陵：晋以建业（今江苏南京）为『秣陵』。⑰本篇史例出自于《晋书·杜预传》。

譯文 凡是作战中所说的『势』，就是利用攻击敌人的有利态势的问题。趁着敌人出现的败灭趋势，我军不失时机地发动攻击，那么，敌人必定会溃败。就像兵法所说：『要利用有利态势击破敌人。』晋武帝司马炎秘密制定一个灭亡吴国的战略计划，但交给朝臣讨论时，大部分人的主张与晋武帝的意思相违。唯有羊祜、杜预和张华的看法与武帝意图相合。征南大将军羊祜病重时，曾向武帝举荐杜预代替自己职务；待到羊祜一死，晋武帝便任命杜预为镇南大将军，监督领导荆州一切军务。杜预奉命到镇后，为搞好战备修缮兵器铠甲，加强部队训练以显示炫耀武力和威严。他在选拔精锐部队大败吴国西陵都督张政之后，就向晋武帝请示大举伐吴的日期，武帝回复说等到明年再考虑大规模攻打吴国之事。为此，杜预再次上表申述已见说：『凡事都要分析比较它的利害和得失，现在攻吴之举，其有利方面占到十分之八、九，而不利方面只有十分之一二，其结局最差不过是没有成功而已。朝臣们说吴国荒败灭亡的形势还没有到来，（他们所以这样说，）只是因为灭吴的决策不是出于他们的谋略计划，胜利后的功绩也不能归于他们本身，且又都羞于承认自己原来意见的错误，所以至今仍然固执己见地反对伐吴。往昔汉宣帝在朝臣讨论赵充国关于在羌族地区实行屯田戍边的奏章时，经反复比较而采纳了充国的建议后，严厉地批评了那些参与讨论而持反对意见的大臣，迫使他们各个都叩头请罪。宣帝这样做为的是杜绝那些持有固执异说的反对者。自入秋以来，讨伐吴国之事已经逐渐外露，如果中途停止而拖延进攻时间，那么，吴国皇帝孙皓因为担心被讨伐而想出对策，如迁都武昌，增修江南城防设施，疏散城镇居民，都将会给我们造成城镇不可攻下，野外一无所获的被动局面，一旦吴国把大批舰船集中到夏口对我进行防御，那么，明年伐吴的计划可能就落空了。』就在晋武帝与中书令张华下围棋兴致正浓之时，恰逢杜预的奏表送到。张华立即推开棋盘拱手向武帝说：『陛下英明伟大，战无不胜，国家富饶，兵力强大；吴王孙皓荒淫暴虐，滥杀贤能之人，现在立即出兵进攻他，将不费多大代价就可以将吴国平定。』晋武帝听后，就批准了杜预的建议。于是杜预把部队集中到江陵，并派周旨、伍巢等将领率军乘船夜渡长江袭击乐乡；晋军沿途插很多旗帜，在巴山之上点火，出其不意攻击其要害之地，从心理上将敌人的斗志瓦解，俘虏了吴军都督孙歆。晋军在平定了长江上游地区后，从湘江以南至交州、广州的广大地区的吴国州郡，都得到风声不战而降，杜预则亲自执符节宣读皇帝诏书，逐一加以安抚。在晋军众将领举行会议时，有人提出说：『已经占据江南百年的吴国敌寇，是很难一下子把它完全战胜的。如今正值酷暑时节，雨季已经开始，疫病将要流行。因此，我们应当等到冬季到来之时，再大举进攻吧。』杜预则坚定地回答说：『从前燕国大将乐毅凭借济西一战，而一鼓作气地吞并了齐国。如今，我军已经声威大振，对敌人的进攻就如同刀劈长竹一样，数节劈开之后，其余的就会迎刃而解，再也用不着费力了。』于是，杜预指挥众将领率军直趋吴国京都建业，沿途所经过的城镇中的吴军，无不束手就降，结果活捉了孙皓，平定了吴国。

晝戰　**凡与敌昼战，须多设旌旗以为疑兵①，使敌莫能测其众寡，则胜。法曰：『昼战多旌旗。』②春秋晋侯伐齐③，齐侯登山④以望晋师。晋人使〔司马〕斥⑤山泽之险，虽所不至，必旆而疏陈之⑥，使乘车者左实右伪，**

以旆先，舆曳柴而从之。齐侯见之，畏其众也，遂逃归。⑦

注释 ①疑兵：是指以伪装或佯动手段所布设的兵阵，主要用以迷惑敌人，以达到诱敌就范。②昼战多旌旗：语出自《孙子兵法·军争篇》。③春秋晋侯伐齐：这场战争发生在周灵王十七年（前555），以晋战胜齐而宣告结束。晋侯，即是晋平公。④齐侯登山：齐侯（灵公）所登之山为巫山，位置在今天的山东长清西南。⑤斥：是侦察，探测的意思。⑥必旆而疏陈之：旆，大旗；陈，同『阵』。这句话的意思是：（山泽险要的地方，尽管部队不能到达），也一定要树立大旗并且要稀疏地布设假目标作为疑兵来迷惑敌人。⑦本篇史例出自于《左传·襄公十八年》。

译文 凡是白天对敌作战，必须多插旗帜作为迷惑敌人的『疑兵』，来使敌人无法摸清我军兵力的多少，这样，就能战胜敌人。就像兵法所说：『白天作战需要多设旗帜（以迷惑敌人）。』春秋时期，晋平公率军进攻齐国，齐灵公登上巫山观察晋军情况。晋平公派遣司马探察山林川泽的险要情况，哪怕是部队不到的地方，也必须树起大旗稀疏地布设疑阵；又令战车左边乘坐真人右边放置假人，以大旗为先导，战车拖着树枝随后飞驰。齐灵公远远望见晋军方向的旗帜众多、路上尘土飞扬，误以为他们兵多难挡，就吓得落荒而逃了。

夜战 凡与敌夜战，须多用火鼓，所以变乱敌之耳目，使其不知所以备我之计，则胜。法曰：『夜战多火鼓。』①春秋越伐吴②，吴人御之笠泽③，夹水

而阵。越为左右二军④，乘夜⑤或左或右，鼓噪而进；吴分兵御之。越为中军潜涉⑥，当吴中军而鼓之，吴师大乱，遂败之。⑦

注释　①夜战多火鼓：语出自《孙子兵法·军争篇》。②越伐吴：即指春秋时周敬王四十二年（前478），越王勾践率军攻打吴国的笠泽之战。③笠泽：古代河流名。位置在今江苏苏州南，从太湖向东入海，与今吴淞江平行。④越为左右二军：《左传》有『越子为左右句卒』。句卒，亦用作『勾卒』，即担任出击吴军左右两翼的分队，用这种方法扰乱和分散吴军兵力，而以主力偷渡笠泽，攻击吴军主力。⑤乘夜：马本及唐本用作『使夜』，现以王本和汪本为准。⑥越为中军潜涉：王本用为『越率军潜涉』。⑦本篇史例出自于《左传·哀公十七年》。

譯文　凡是夜间对敌作战，必须要多多利用火光和鼓声，以便骚扰打乱敌人的视听，使它不知采取什么计策来防备我军。这样，就能取得胜利。就像兵法所说：『夜间作战要多利用火光和鼓声（来迷惑敌人）。』春秋时期，越国进攻吴国，吴军凭借占据笠泽进行防御，与越军隔水对峙。越王勾践把越军部分兵力编成左右两军，乘着黑夜光线较暗击鼓呐喊而交错前进，吴王夫差便分兵防御。于是，越王亲自率领中军主力，悄悄渡过笠泽，直趋吴军主力而击鼓进攻，于是吴军大乱，越军一举便打败吴军。

備戰

凡出师征讨①，行则备其邀截，止则御其掩袭，营则防其偷盗、风则恐其火攻。若此设备，有胜而无败。法曰：『有备不败。』②三国魏大军南

征吴[3]，兵到精湖[4]，魏将满宠[5]帅诸军在前，与敌夹水相对。宠谓诸将曰：『今夕风甚猛，敌必来烧营，宜为之备。』诸将皆警。夜半，敌果遣十部〔伏〕来烧营，宠掩击破之[6]。

注釋

①征讨：王本和汪本皆用为『征伐』。②有备不败：语出自《左传·宣公十二年》。③魏大军南征吴：马本及诸本都用为『魏大将吴鳞征南』，但历史记载魏将并无『吴鳞』一名。又根据《三国志·魏书·满宠传》记载的文字，这句话应该为『魏大军南征吴』，所以进行了修改。④精湖：地名。位置在今江苏高邮北。⑤满宠：三国时期魏国大将。山阳昌邑，今山东巨野南人，字伯宁。跟随曹操征战功名显著，官至奋威将军。曹丕登上帝位后，官拜伏波将军。根据卢弼《三国志集解》卷二十六记载称，满宠跟随魏文帝曹丕南征东吴『为黄初六年（225）事。』⑥本篇史例出自于《三国志·魏书·满宠传》。

譯文

凡是出兵征战讨伐敌人，在行进中要防备敌人在中途发动截击，停止行进时要防备敌人采取突袭，宿营时要防备敌人攻营劫寨，有风天要防备敌人实施火攻。如果能处处做好防备，就能取得胜胜而不失败。就像兵法所说：『计划并做好充分准备，就不会失败。』三国时期，魏国派遣军队南下攻打吴国，当到达精湖时，伏波将军满宠率领军队在前面行进，与吴军隔水对峙。满宠对部将说：『今天晚上风很大，敌人肯定要来火烧我们的营寨，大家要做好准备。』众将听后都加倍警戒。到了夜半时分，吴军果真派遣十个分队前来烧营，满宠指挥魏军突然出击，一举将敌人打败。

曹洪

曹洪，随曹操追袭董卓荥阳时，曹军为董卓部将徐荣所败，曹操失马，曹洪舍命献马并救护曹操，使曹操免于厄难。后多随军征伐。

糧戰

凡与敌垒相对持，两兵①胜负未决，有粮则胜。若我之粮道，必须严加守护，恐为敌人所抄。若敌人饷道，可分遣锐兵以绝之。敌既无粮，其兵必走，击之则胜。法曰：『军无粮食则亡。』②汉末，曹操与袁绍相持于官渡，〔绍遣车运谷〕，使军粮使淳于琼等五人将兵万余人送之，宿绍营北四十里。绍谋臣许攸③贪财，绍不能足，奔归操，因说操曰：『今袁绍有辎重万余乘，而乏严备，今以轻兵袭之，燔其积聚，不过三日，袁氏自败矣。』左右〔疑之〕，荀攸、贾诩④劝操。〔操〕乃留曹洪⑤守，自将步骑五千人，皆用袁军旗帜，衔枚⑥缚马口，夜从间道出，人负束薪，所历道有问者，语之曰：『袁公恐曹操抄掠后军，遣兵以益备。』闻者信以为然，皆自若。既至，围屯，大放火，营中大乱，大败之，绍弃甲而遁。⑦

注釋

①两兵：是指敌对双方的军队。马本及唐本都

脱『两』，现以王本及汪本为准。②军无粮食则亡：语出自《孙子兵法·军争篇》，但在这里只是摘要引录，并非全文。③许攸：东汉南阳，今属河南人，字子远。初年跟随袁绍，官渡之战时，弃绍投操，并献计火攻袁军乌巢，今河南延津东南粮屯的计策，被曹操采纳，成为曹军官渡之战获胜的重要战略一着。后来，许攸因恃功自傲被杀。④贾诩：马本用为『考诩』，唐本用为『荀翊』，王本用为『关某』，汪本用为『关羽』，均是误用。现根据历史进行校改。贾诩，东汉武威姑臧，今甘肃武威人，字文和。董卓入据洛阳，诩出任讨虏校尉。董卓兵败，贾诩先后依附李傕、段煨。官渡之战前，诩说服张绣一并归附曹操，封都亭侯。曹丕称帝后，官至太尉。⑤曹洪：曹操的堂弟，字子廉。东汉末年，跟随曹操起兵征战，官至都护将军。曹丕时，出任骠骑将军，封野王侯。⑥衔枚：枚，指一种形如筷子，两端有带，可以系在脖子上的一种装具。古代行军时，为了奇袭敌人能够成功，常命令士卒在口中衔枚，以防止喧哗惊动敌人。⑦本篇史例出自于《三国志·魏书·武帝纪第一》。

譯文

凡是在敌我双方对峙相持，未分胜负的情况下，谁有粮食谁就会取得胜利。所以，对于我方的运粮道路，必须派兵严加护卫，来防止敌人抄掠截断；但是对于敌人的粮饷运输线，就要派遣精兵加以切断。敌人如果粮运不继，它就一定会逃走；我军趁机发起攻击，就能够取得胜利。就像兵法所说：『军队没有粮食，作战就要失败。』东汉末年，曹操与袁绍对垒于官渡。袁绍派车运粮，并指示运粮使淳于琼等五人率兵万余武装护送，晚上宿营在袁绍军营以北四十里的地方。袁绍的谋臣许攸十分贪财，因为袁绍不能满足他的欲望，便背叛了袁绍而投降了曹操。许攸趁机向曹操献计说：『现在袁绍的屯粮中所停放的粮食有一万多辆车，但却缺乏严密的守备，如果现在派出轻装部队进行偷袭，放火把他所屯聚的粮食烧掉，不超过三天，袁绍将会不攻自败。』听完了许攸的话之后，曹操身边的人都报以怀疑的目光，但谋臣荀攸、贾诩却劝说曹操按许攸的计策行事。于是，曹操便令曹洪留守营寨，亲自率领步骑兵五千人，全部都换上袁军旗号，兵士口里衔枚、马匹嘴勒绳索，乘着黑夜从小道出发，每人身背一束柴草。在行进途中遇到询查的人，就回答说：『袁公担心曹操抄掠我军后方，特派遣我们前往加强防守装备。』问者听后信以为真，全然若无其事的样子。曹军顺利抵达后，马上包围其屯粮处，并放起大火。护卫粮草的袁军遭此突然袭击，顿时乱作一团，被曹军打得大败。袁绍听说这个消息之后，慌忙丢弃甲仗逃跑了。

導戰 凡与敌战，山川之夷险，道路之迂直，必用乡人引而导之，乃知其利，而战则胜。法曰：『不用乡导者，不能得地利。』①汉武帝时，匈奴比岁②入寇，所杀掠甚众。元朔五年春，今卫青③将三万骑出塞，匈奴右贤王④以为汉兵不能至此，遂醉卧帐中。汉兵夜至，围右贤王，虏大惊，独与其爱妾一人、骑兵数百，溃围夜逃北去。汉遣轻骑校尉⑤郭成等追四百里，弗及，得虏裨将十余人，男女万五千余口⑥，畜数十百万。于是，青率兵而还。至塞，天子

使使者持大将军印，即军中拜青为大将，诸将皆以兵属，立号而归。皆用校尉张骞⑦以尝使大夏⑧留匈奴久，导军，善知水草处，军得以无饥渴。⑨

注釋

①不用乡导者，不能得地利：此语出自《孙子兵法·军争篇》，又见同书《九地篇》。②比岁：指每年，连年。③卫青：西汉时期著名大将。河东平阳，今山西临汾西南人，字仲卿。汉武帝的卫皇后的弟弟。本来是平阳公主家骑，因他的姐姐子夫得选入官，为汉武帝所重用，官至大将军，封为长平侯。多次率军击败匈奴贵族对汉朝北部边境的攻掠，战功十分卓著。④右贤王：原来是指『右屠耆王』，匈奴的官名。冒顿单于时期，他除了自领中部外，又设左、右屠耆王，分别领东、西二部，由单于子弟担任。『屠耆』，匈奴语，意思是汉语『贤』，所以汉族称其左、右屠耆王为左、右贤王。⑤轻骑校尉：是指即统率骑兵的武官。校尉，汉代军中官职，略低于将军。⑥万五千余口：马本和诸本都误用为『五千余口』。现依据历史进行校改。⑧大夏：中亚古国，所辖地区为现在的阿富汗北部。⑨本篇史例出自于《汉书·卫青传》，又见于《史记·卫青列传》和《史记·大宛传》。

譯文

凡是同敌人作战，对于平坦或险要的山川，曲折或直捷的道路，一定要让当地人来引导，才能知道哪里的地形对我有利，这样，打起仗来，才能取得胜利。就像兵法所说：『作战中不使用当地人引导的，就不能获得地利上的帮助。』西汉武帝时期，匈奴连年入侵边境，所过之处杀人掠物甚为严重。元朔五年（前124）春天，武帝命

孙膑马陵伏弩

前369年，魏与赵联合进攻韩国。韩向齐求救，孙膑认为，魏军强悍骁勇，轻视齐兵，应示弱避战，于是采取退兵减灶的办法，引诱魏军追击。庞涓果然中计。

令卫青率领三万骑兵向北出边塞，对匈奴实施反击。适逢匈奴右贤王认为汉军不能到达他的军营，于是醉酒而安心卧于军帐之中。汉军趁夜抵达这里，快速将匈奴军营包围，右贤王惊慌失措，独自和爱妾一人，由数百骑兵护卫，突出重围连夜向北逃跑。汉军派轻骑校尉郭成等将领随后追击四百里，没有追上右贤王，但俘获其偏将十余人、男女一万五千余人，缴获其牲畜数百万头。于是，卫青率兵凯旋而归，到达边境时，汉武帝派遣的使者手捧大将军印，就在军营中授任卫青为大将，其余部将都把其部下统归卫青指挥，并给以封号而回。汉军这次反击匈奴作战胜利，是因为用了曾经出使大夏时长期困留于匈奴的汉朝校尉张骞作向导，他对哪些地方有水草非常熟悉，从而使汉军未遭到饥渴威胁的结果。

知戰

凡兴兵伐敌，所战之地，必预知之；师至之日，能使敌人如期而来，与战则胜。知战地，知战日，则所备者专，所守者固。法曰：

『知战之地，知战之日，则可千里而会战。』①战国魏与赵攻韩②，韩告急于齐。齐③用田忌④将而往，直走大梁⑤。魏将庞涓⑥闻之，去韩而归魏。孙膑⑦谓田忌曰：『彼三晋⑧之兵，素悍勇而轻齐，齐号为怯。善战者因其势而利导之。兵法：「百里而趋利者蹶上将，五十里而趋利者军半至」⑨，使齐军入魏地为十万灶，明日为五万灶，又明日为三万灶⑩。』涓追三日，大喜，曰：『我固知齐军怯，入吾地三日，士卒亡者过半矣。』乃弃其步军，与精锐骑兵倍道兼行逐之。孙膑度其行，暮当至马陵⑪。〔马陵〕道狭，而旁多阻隘，可伏兵，乃斫大木⑫白而书之曰『庞涓死此树下』。于是，齐军善射者万弩，夹道而伏斫木下，期曰：『暮见举火即万弩俱发。』⑬涓果夜至，立木下见白书⑭，乃钻火烛之⑮。读其书未毕，齐军万弩俱发，魏军大乱〔相失〕⑯。涓自知智穷，兵败乃自刎⑰。

注释

①知战之地，知战之日，则可千里而会战：语出自《孙子兵法·虚实篇》。②魏与赵攻韩：这次战役发生在周显王二十九年（前340）。韩国向齐国求救，齐国派大将田忌和军师孙膑率军前往救援，这就是齐魏马陵之战的直接起因。③齐：马本和唐本都没有记载，现以王本及汪本为准。④田忌：又作『田期』或『田思期』。战国初期齐国著名大将。曾经率军先后在桂陵（位于今河南长垣西北）、马陵大败魏军。后因为与齐相邹忌不合，被诬告而一度弃齐投楚，楚封他之于江南。⑤大梁：魏国都城，位置

在今河南开封西北。⑥庞涓：战国魏将。周显王十五年（前354）率军围攻赵国都城邯郸；第二年，齐国大将田忌采用孙膑『围魏救赵』的计谋，在桂陵大败庞涓军。周显王二十九年（前340），庞涓率兵攻打韩国，又被孙膑『减灶设伏』的计谋所打败，在马陵自杀而死。⑦孙膑：战国时代著名军事家。齐国阿，今山东阳谷东北人，兵圣孙武的后裔。曾经与庞涓在鬼谷子处同学兵法。后来庞涓出任魏将，因妒忌孙膑的才能超过自己，将他骗到魏国，处以膑刑，即剜去膝盖骨，故称孙膑。后被齐国使者淳于髡秘密救回，齐威王任他为军师。他设谋先后在桂陵大破魏军、马陵。著有《孙膑兵法》传世。⑧三晋：春秋末期，晋国的卿韩、赵、魏三家分晋，成为战国时期韩、赵、魏三国，因此史称此三家为『三晋』。这里是指魏、赵两国。⑨百里而趋利者蹶上将，五十里而趋利者军半至：语出自《孙子兵法·军争篇》，但因为词句有变化，所以含义与孙子的原文不太一样。《孙子兵法》原文是：『百里而争利，则擒三军将；劲者先，罢者后，其法十一而至。五十里而争利，则蹶军将，其法半至。』蹶，损折的意思。⑩三万灶：马本及唐本都用为『二万灶』，不符合历史记载。现以王本及汪本为准。⑪马陵：地名。它的地理位置有二种说法：一说在今天的河北大名东南；一说在今天的河南范县西南十五里的马陵集。⑫大木：历史记载原为『大树』，《百战奇略》原作者因讳忌宋英宗嫌名（『曙』）援引时改『树』为『木』。其下文『庞涓死此树下』的『树』没改，如果从《百战奇略》全书避讳规律看，这似乎属于漏讳。⑬期曰：『暮见火举即万弩俱发』：

马本及唐本都没有记载，现以王本为准。期，约定。⑭涓果夜至，立木下见白书：马本及唐本都用为『涓追至，见白书』，与历史记载的原义不太一样，所以以王本为准。⑮烛之：照亮树上的字。烛，这里作动词，指照亮。⑯相失：指相互失掉联系。⑰本篇史例出自于《史记·孙子吴起列传》。

譯文

凡是要出兵征讨敌人，对于交战的地点，必须事先设想明确；部队抵达战区之日，也可以调动敌人如期而至，这样对敌交战就能取胜。事先明确交战地点和交战时间，这样，备战待敌就能被充分专注，防御就能被坚守得牢固而有力。就像兵法所说：『可以预知交战的地点，预知交战的时间，那么，即使距离千里也能够与敌人交战。』战国时期，魏国联盟赵国进攻韩国；韩国向齐国紧急求救。齐国任命田忌为将军率军队前往救韩，直击魏都大梁城。魏将庞涓听说这个消息后，就撤离韩国而回奔魏国。齐国军师孙膑对田忌说：『他们魏国的军队，一向自恃骁勇善战而轻视齐军，齐军被他们称为胆怯懦弱。善长用兵的将帅就应该利用其骄傲情绪而使之向着有利于自己的方向发展。兵法上说：「用急行军奔赶一百里去和敌人争利的，其前军主将就有遭到折损的危险；用急行军奔赶五十里去和敌人争利的，部队只有半数兵力赶到。」所以，应该让齐军进入魏境后首先垒筑十万个锅灶，第二天垒筑五万个锅灶，第三天垒筑三万个锅灶。』孙膑的这个建议被田忌采纳了。庞涓率军回国后，追赶齐军走了三天，十分高兴地说：『我原来就清楚齐军懦怯，进入我境内才三天，它的士兵就已经逃亡过半了。』

于是，他就丢下步兵，率领精锐骑兵昼夜兼程地追赶齐军。孙膑计算庞涓的行程情况，料想他天黑时应当能进到马陵。马陵的道路狭窄，两旁多是险崖峭壁，可以埋伏部队，齐军刮去一棵大树的表皮，在其露白的地方写道：『庞涓死此树下』字样。于是，田忌命令齐军万名射箭能手，埋伏在道路两旁砍倒的树木之下，约定说：『夜里看见火光亮起，就万箭齐射。』庞涓在天黑时候追到马陵，站在那棵树下，发现树干露白之处写有字迹，就让人点燃火把照亮写字处，但是在他还没有读完这些字的时候，齐军万箭便骤然齐发，魏军立即乱作一团，彼此失去联系。此时的庞涓明白自己已经智力穷尽，失败已成定局，就自杀身亡了。

图书在版编目（C I P）数据

孙子兵法 /（春秋）孙武著 ；《国学国艺必读丛书》编委会释译. -- 北京 ： 北京联合出版公司，2015.6（2023.2重印）
（国学国艺必读丛书 / 李克主编）
ISBN 978-7-5502-5544-9

Ⅰ. ①孙… Ⅱ. ①孙… ②国… Ⅲ. ①兵法－中国－春秋时代②《孙子兵法》－注释③《孙子兵法》－译文
Ⅳ. ①E892.25

中国版本图书馆CIP数据核字（2015）第133656号

孙子兵法

项目策划　智品天下图书（北京）有限公司
地　　址　北京市朝阳区建外SOHO西区15号楼1层1515号，邮编：100022
责任编辑　徐秀琴
出版发行　北京联合出版公司
地　　址　北京市西城区德外大街83号楼9层，邮编：100088
印　　刷　三河市双升印务有限公司
经　　销　各地新华书店发行
开　　本　二一〇×二八五毫米　十六开
印　　张　四十
版　　次　二〇一五年六月第一版　二〇二三年二月第三次印刷
标准书号　ISBN 978-7-5502-5544-9
定　　价　二百一十八元（全四册）